十三經注疏彙校

尚書注疏彙校

九

杜澤遜 主編

中華書局

尚書註疏卷第十九　漢孔氏傳　唐孔穎達疏

皇明朝列大夫國子監祭酒臣田一儁

司業臣王祖嫡等奉

勅重校刊

康王之誥第二十五

周書

康王既尸天子。(傳)尸。主也。主天子之正號。○馬本此句上更有成王崩三字。

遂誥諸侯作康王之誥。(傳)既受顧命。羣臣陳戒。遂報誥之。因事曰遂。

康王之誥 傳 求諸侯之見匡弼。疏 康王既至之誥 ○正義曰。康王既受顧命主天子之位。羣臣進戒於王。王遂報誥諸侯。史敘其事。作康王之誥。伏生以此篇合於顧命。共爲一篇。後人知其不可。分而爲二。馬鄭王本。此篇自高祖寡命已上。內於顧命之篇。王若曰已下。始爲康王之誥。諸侯告王。王報誥諸侯。而使告報異篇。失其義也。

王出在應門之內。傳 出畢門。立應門內之中庭。南面。太保率西方諸侯入應門左。畢公率東方諸侯入應門右。傳 二公爲二伯。各率其所掌諸侯。隨其方爲位。皆北面。皆布乘黃朱。傳 諸侯皆陳四黃馬朱鬣以爲庭實。○乘。音繩證反。鬣。力輒反。賓稱奉圭兼幣。曰一二臣衛敢執壤奠。傳賓諸侯也。舉奉圭兼幣之辭。言一二，見非一也。爲蕃衛，故曰臣衛。來朝而遇國喪，遂因見新王。敢執壤地所出而奠贄也。○壤，如丈反。見，賢遍反，下同。蕃，方袁反。朝，直遥反。喪，息浪反。贄，音至。

皆再拜稽首。王義嗣德，答拜。傳諸侯拜送幣而首至地，盡禮也。康王以義繼先人明德，答其拜，受其幣。○盡，子忍反。

疏王出至答拜。○正義曰：此敘諸侯見新王之事。王出畢門，在應門之内，立於中庭。太保召公爲西伯，率西方諸侯入應門左，立於門内之西廂也。太師畢公爲東伯，率東方諸侯入應門右，立於門内之東廂也。諸侯皆布陳一乘四匹之黄馬朱鬣，以爲見新王之庭實。諸侯爲王之賓，共使一人少前進，舉奉圭兼幣之辭，言曰：一二天子之臣在外爲蕃衛者，敢執土壤所有，奠之於庭。既爲此言，乃皆再拜稽首。用盡禮致敬。以正王爲天子也。康王先爲太子。以義嗣先人明德。不以在喪爲嫌。答諸侯之拜。以示受其圭幣。與之爲主也。○傳出畢至南面○正義曰。出在門內。不言王坐。諸侯既拜。王即答拜。復不言興。知立庭中南面也。○傳二公至北面○正義曰。二公率領諸侯。知其爲二伯。各率其所掌諸侯。曲禮所謂職方者。此之義也。王肅云。畢公代周公爲東伯。故率東方諸侯。然則畢公是太師也。當太師之名在太保之上。此先言太保者。於時太保領冢宰。相王室。任重。故先言西方。若使東伯任重。亦當先言東方。北面以東爲右。西爲左。入左入右。隨其方爲位。嫌東西相向。故云皆北面。將拜王。明北面也。○傳諸侯至庭實○正義曰。諸侯朝見天子。必獻國之所有。以表忠敬之心。故諸侯皆陳四黃馬朱鬣以爲庭實。言實之於王庭也。四馬曰乘。言乘黃。正是馬色黃矣。黃下言朱。朱非馬色。定十年左傳云。宋公子地有白馬四。公嬖向魋。魋欲之。公取而朱其尾鬣以與之。是古人貴朱鬣。知朱者。朱其尾鬣也。於時諸侯。其數必衆。衆國皆陳四馬。則非王庭所容。諸侯各有所獻。必當少陳之也。案周禮小行人云合六幣。圭以馬。璋以皮。璧以帛。琮以錦。琥以繡。璜以黼。此六物者。以和諸侯之好。鄭玄云。六幣所以享也。五等諸侯享天子用璧。享后用琮。用圭璋者。二王之後也。如鄭彼言。則諸侯之享天子。惟二王之後用馬。此云皆陳馬者。下云奉圭兼幣。幣卽馬是也。圭是致馬之物。鄭云此幣圭以馬。蓋舉王者之後以言耳。諸侯當璧以帛。亦有庭實。然則此陳馬者。是二王之後享王物也。獨取此物以揔表諸侯之意。故云諸侯皆陳馬也。圭亦享王之物。下言奉圭。此不陳圭者。圭奉以致命。不陳之也。案覲禮。諸侯享天子。馬卓上。九馬隨之。此用乘黄者。因喪禮而行朝。故畧之。○傳賓諸至奠贄○正義曰。天子於諸侯有不純臣之義。故以諸侯爲賓。稱。訓舉也。舉奉圭兼幣之辭。以圭幣奉王而爲之作辭。辭出一人之口。而言一二者。見諸侯同爲此意。意非一人也。鄭玄云。釋辭者一人。其餘奠幣拜者稽首而已。是也。言衛者。諸侯之在四方。皆爲天子藩衛。故曰臣衛。此時成王始崩。卽得有諸侯在京師者。來朝而遇國喪。遂因見新王也。諸侯享天子。其物甚衆。非徒圭馬而已。皆是土地所有。故云。敢執壤地所出而奠贄也。然舉奉圭兼幣。乃是享禮。凡享禮。則每一國事畢。乃更餘國復入。其朝則侯氏摠入。故鄭玄注曲禮云。春受贄於朝。受享於廟。是朝與享别。此既諸侯摠入而得有庭實享禮者。以新朝嗣王。因行享禮。故鄭注云。朝兼享禮也。與常禮不同。○傳諸侯至其幣○正義曰。周禮大祝辯九拜。一曰稽首。施之於極尊。故爲盡禮也。義嗣德三字。史言王答拜之意也。康王先是太子。以義繼先人明德。今爲天子。無所嫌。故答其拜。受其幣。自許與諸侯爲主也。

太保暨芮伯咸進相揖皆再拜稽首。傳 冢宰與司徒。皆共羣臣諸侯並進陳戒。不言諸侯。以内見外。

曰敢敬告天子。皇天改大邦殷之命。傳 大天改大國殷之王命。謂誅紂也。

惟

周文武誕受羑若。克恤西土。傳 言文武大受天道而順之。能憂我西土之民。本其所起。○羑羊久反。馬云道也。惟新陟王畢協賞罰。戡定厥功。用敷遺後人休。傳 惟周家新升王位。當盡和天下賞罰。能定其功。用布遺後人之美。言施及子孫無窮。○戡音堪。遺唯季反。註及下同。施以豉反。今王敬之哉。傳 敬天道。務崇先人之美。張皇六師。無壞我高祖寡命。傳 言當張大六師之衆。無壞我高德之祖寡有之教命。○壞音怪。疏 太保至寡命。○正義曰。太保召公與司徒芮伯皆共諸侯並進。相顧而揖。乃並再拜稽首。起而言曰。敢告天子。大天改大國殷之王命。誅殺殷紂。惟周家文王武王。大受天道而順之。能憂我西土之民。以此王有天下。惟我周家新升王位。當盡和天下賞罰。戡定其爲王之功。用布遺後人之美。將使施及子孫。無有窮盡之期。今王新即王位。其敬之哉。當張大我之六師。令國常强盛。無令傾壞我高祖寡有之命。戒王使繼先王之業也。○傳冢宰至見外○正義曰。召公爲冢宰。芮伯爲司徒。司徒位次冢宰。故言太保與芮伯咸進。芮伯已下。共告羣臣諸侯並皆進也。相揖者。揖之使俱進也。太保揖羣臣。羣臣又報揖太保。故言相揖。動足然後相揖。故相揖之文在咸進之下。○傳言文至所起○正義曰。美聲近猷。故訓之爲道。王肅云。美道也。文王所憂。非憂西土而已。特言能憂西土之民。本其初起於西土故也。○傳言當至敎命○正義曰。皇訓大也。國之大事。在於强兵。故令張大六師之衆。高德之祖。謂文王也。王肅云。美文王少有及之。故曰寡有也。

王若曰。庶邦侯甸男衛。傳順其戒而告之。不言羣臣。以外見內。○馬本從此以下爲康王之誥。又云與顧命差異。敘歐陽大小夏侯同爲顧命。惟予一人釗報誥。傳報其戒。昔君文武丕平富不務咎。傳言先君文武道大政化平美。不務咎惡。厎至齊○馬讀絕句信用昭明于天下。傳致行至中信之道。用顯明於天下。言聖德洽。○厎之履反。則亦有熊羆之士。不二心之臣。保乂王家。傳言文武既聖。則亦有勇猛如熊羆之士。忠一不二心之臣。共安治王家。○熊。音雄。羆彼皮反。用端命于上帝。皇天用訓厥道。付畀四方。傳君聖臣良。用受端直之命於上天。大天用順其道。付與四方之國王天下。○畀。必利反。徐甫至反。王。于況反。乃命建侯樹屏在我後之人。傳言文武乃施政令。立諸侯。樹以爲藩屏。傳王業在我後之人。謂子孫。今予一二伯父尚胥暨顧綏爾先公之臣服于先王。傳天子稱同姓諸侯曰伯父。言今我一二伯父庶幾相與顧念文武之道。安汝先公之臣服於先王而法循之。雖爾身在外。乃心罔不在王室。傳言雖汝身在外之爲諸侯。汝心常當忠篤。無不在王室。熊羆之士勵朝臣。此督諸侯。○督。丁木反。用奉恤厥若。無遺鞠子羞。傳當各用心奉憂其所行順道。無自荒怠遺我稚子之羞辱。

稚子。康王自謂也。○鞠，居六反。疏王若至予羞○正義曰。羣臣諸侯既進戒王。王順其戒。呼而告之曰。衆邦在侯甸男衛諸服内之國君。惟我一人釗報誥卿士羣公。昔先君文王武王。其道甚大。政化平美。專以美道教化。不務咎惡於人。致行至美中正誠信之道。用是顯明於天下。言聖道博洽也。文武既聖。時臣亦賢。則亦有如熊如羆之勇士。不二心之忠臣。共安治王家。以君聖臣良之故。用能受端直之命於上天。大天用順其道。付與四方之國。使文武受此諸國。王有天下。言文武得賢臣之力也。文武以得臣力之故。乃施政令。封立賢臣爲諸侯者。樹之以爲蕃屏。令屏衛在我後之人。先王所立諸侯。即今諸侯之祖。故舉先世之事。以告今之諸侯。今我一二伯父。庶幾相與顧念文武之道。安汝先公之用臣服於先王之道而法循之。亦當以忠誠輔我天子。雖汝身在外土爲國君。汝心常當無有不在王室。當各用心。奉憂其所行順道。無自荒怠以遺我稚子之羞辱。稚子。康王自謂。戒令臣弼己也。○傳順其至見

內○正義曰。羣臣戒王使勤。王又戒之使輔已。是順
其事而告之也。上文太保芮伯進言不言諸侯。以內
見外。此王告庶邦。不言朝臣。以外見內。欲令互相備
也。周制六服。此惟四服。不言采要者。略舉其事。猶武
成云。甸侯衛。駿奔走。亦略舉之矣。○予一人釗○正
義曰。禮天子自稱予一人不言名。此王自稱名者新
即王位謙也○傳言先至咎惡○正義曰。孔以富爲
美。故云。政化平美。不務咎惡於人。言哀矜下民。不用
刑罰之。王肅云。文武道大。天下以平。萬民以富。是也。
○傳致行至德洽○正義曰孔以齊爲中。致行中正
誠信之道。王肅云。立大中之道也。○傳天子至循之
○正義曰。覲禮言天子呼諸侯之禮云。同姓大國則
曰伯父。其異姓則曰伯舅。同姓小邦則曰叔父。其異
姓則曰叔舅。計此時諸侯多矣。獨云伯父與同姓大
國言之也。諸侯先公。以臣道服於先王。其事有法。故
令安汝先公之用臣服於先王以臣之道而法循之。
○傳言雖至諸侯○正義曰。王之此誥。並誥羣臣諸
侯。但互相發見。其言不備。言先王有熊羆之士。厲朝

臣使用力。如先世之臣也。此言汝身在外土。心念王室。督諸侯使然。**羣公既皆聽命相揖趨出。**（傳）已聽誥命。趨出罷退。諸侯歸國。朝臣就次。**王釋冕反喪服。**（傳）脫去黼冕。反服喪服。居倚廬。○去羌呂反。［疏］羣公至喪服○正義曰。羣公。揔謂朝臣與諸侯也。鄭玄云。羣公主爲諸侯與王之三公。諸臣亦在焉。王釋冕反喪服。朝臣諸侯亦反喪服。禮喪服篇。臣爲君。諸侯爲天子。皆斬衰。

畢命第二十六

周書

康王命作冊畢。（傳）命爲冊書以命畢公。**分居里成周郊。**（傳）分別民之居里。異其善惡。成定東周郊境。使有保護。○別彼列反。作畢命。

畢命傳言畢公見命之書。疏康王至畢命○正義曰。康王命史官作冊書命畢公。使畢公分別民之居里。令善惡有異。於成周之邑。成定東周之郊境。史敘其事。作畢命。○傳命爲至畢公○正義曰。周禮內史云。凡命諸侯及孤卿大夫。則策命之。此云命作冊者。命內史爲冊書以命畢公。故云以冊命畢公。○傳分別至保護○正義曰。殷之頑民。遷居此邑。歷世化之。已得純善。恐其變改。故更命畢公分別民之居里。異其善惡。即經所云。旌別淑慝。表厥宅里。彰善癉惡。樹之風聲。殊厥井疆。俾克畏慕。皆是也。分者。令其善惡分別。使惡者慕善。非分別其處。使之異居也。此邑本名成周。欲以成就周道。民不純善。則是未成。故命畢公教之。成定東周郊境。即經申畫郊圻。愼固封守。是其使有保護。

惟十有二年六月庚午朏。傳康王卽位十二年六月三日庚午。○朏，普忽反。徐芳尾反。又芳憒反。越三日壬申。王朝步自宗周。至于豐。傳於朏三日壬申。王朝行自宗周。至于豐。宗周鎬京。豐文王所都。○朝，直遙反。鎬，戶老反。以成周之衆。命畢公保釐東郊。傳用成周之民衆。命畢公使安理治正成周東郊。令得所。○釐，力之反。治，直吏反。一本作治政。則依字讀。令，力呈反。

疏惟十至東郊。○正義曰：惟康王卽位十有二年六月三日庚午。月光朏然而明也。於朏後三日壬申。王早朝行從宗周鎬京至於豐邑。就文王之廟。以成周之民衆命。太師畢公。使安理東郊之民。令得其所。○傳康王至庚午。○正義曰：漢初不得此篇。有僞作其書以代之者。漢書律歷志云：康王十二年六月戊辰朏。

三日庚午。故畢命豐刑曰。惟十有二年六月庚午朏。王命作策書豐刑。此僞作者傳聞舊語。得其年月。不得以下之辭。妄言作豐刑耳。亦不知豐刑之言何所道也。鄭玄云。今其逸篇有冊命霍侯之事不同。與此序相應。非也。鄭玄所見又似異於豐刑。皆妄作也。說文云。朏。月未盛之明也。此日未有事。而記此庚午朏者。爲下言王申張本。猶如記朔望與生魄死魄然也。**王若曰。嗚呼。父師。惟文王武王敷大德于天下。用克受殷命。**傳 王順其事。歎告畢公代周公爲大師。爲東伯。命之代君陳。言文武布大德於天下。故天佑之。用能受殷王之命。○大。音泰。**惟周公左右先王。綏定厥家。**傳 言周公助先王安定其家。**毖殷頑民。遷于洛邑。密邇王室。式化厥訓。**傳 惟殷頑民恐其叛亂故徙於洛邑密近王室用化其教○毖音祕近如字又附近之近**既歷三紀世變風移四方無虞予一人以寧**傳言殷民遷周已經三紀世代民易頑者漸化四方無可度之事我天子用安矣十二年曰紀父子曰世○度待洛反舊作待路反**道有升降政由俗革不臧厥臧民罔攸勸**傳天道有上下交接之義政教有用俗改更之理民之俗善以善養之俗有不善以法御之若乃不善其善則民無所勸慕○上時掌反更古衡反**惟公懋德克勤小物弼亮四世正色率下罔不祗師言**傳言公勉行

德。能勤小物。輔佐文武成康。四世爲公卿。正色率下。下人無不敬仰師法。○懋音茂。

嘉績多于先王。予小子垂拱仰成。傳公之善功多大先人之美。我小子爲王。垂拱仰公成理。言其上顯父兄。下施子孫。○拱。九勇反。仰如字。徐五亮反。

疏王若至仰成。○正義曰。康王順其事。歎而呼畢公曰。嗚呼。父師。惟文王武王。布大德於天下。用此能受殷之王命。代殷爲天子。惟周公佐助先王。安定其家。愼彼殷之頑民。恐其或有叛逆。故遷於洛邑。令之比近王室。用使化其教訓。自爾已來。既歷三紀。人世既變。風俗亦移。四方無可度之事。我天子一人用是而得安寧。但天道有上下交接之義。政教有用俗改更之理。今日雖善。或變爲惡。若不善其善。則民無所勸慕。更須選賢教之。舉善勸之。宜此任者。莫先於公。惟公勉力行德。能勤小事。輔佐四世。正色率下。

無有不敬仰師法公言者。公之善功多於先王。我小子垂衣拱手。仰公成理。將欲任之。故盛稱其德也。○傳王順至之命。○正義曰。畢公代周公爲大師。故王呼爲父師。率東方諸侯。是爲東伯也。蓋君陳卒。命之使代君陳也。○傳言周至其家。○正義曰。釋詁云。左右。助也。言周公助先王安定其家。伐殷之時。周公已有其功。復能遷殷頑民。言其功之多也。○傳言殷至曰世。○正義曰。周公以攝政七年營成周。成王元年遷殷頑民。成王在位之年。雖未知其實。當在三十左右。至今應三十六年。是殷民遷周。已歷三紀。紀十二年者。天之大數。歲星太歲皆十二年而一周天。故十二年曰紀。父子易人爲世。大禹謨云。賞延于世。謂緣父及子也。○傳天道至勸慕。○正義曰。天氣下降。地氣上騰。而有寒暑生焉。刑新國。用輕典。刑亂國。用重典。輕重隨俗。而有寬猛異焉。天道有上下交接之義。故寒暑易節。政教有用俗改更之理。故寬猛相濟。天道有寒暑遞來。政教以寬猛相濟。民之風俗。善惡無常。或善變爲惡。或惡變爲善。不可以其既善謂善必不變。民之俗善。須以善養之。令善遂不變。人之俗有不善。當以善法御之。使變而爲善。若乃不善其善。則下民無所勸慕。民無所慕。則變爲惡矣。殷民今雖已善。更當以善敎之。欲以屈畢公之意。○傳言公至師法○正義曰。小物。猶小事也。能勤小事。則大事必能勤矣。故擧能勤小事以爲畢公之善。釋詁云。亮。佐也。晉語說文王之事云。詢于八虞。訪于辛尹。重之以周召畢榮。則畢公於文王之世。已爲大臣。是輔佐文武成康四世爲公卿也。正色。謂嚴其顔色。不惰慢。不阿諂。以此率下。下民無不敬仰師法之。○傳公之至子孫○正義曰。先王之功。無由可及。言公之善功多大。先人之美。方欲委之以事。盛言之。重其功美矣。

王曰。嗚呼。父師。今予祗命公以周公之事。往哉。傳今我敬命公以周公所爲之事。往爲之哉。言非周公所爲。不敢枉公往治。○治。直吏反。

旌別淑慝。表厥宅里。彰善癉

惡。樹之風聲。傳言當識別頑民之善惡。表異其居里。明其爲善。病其爲惡。立其善風。揚其善聲。○別，音彼列反。癉，音丁但反。弗率訓典，殊厥井疆，俾克畏慕。傳其不循教道之常。則殊其井居田界。使能畏爲惡之禍。慕爲善之福。所以沮勸。○俾，必爾反。沮，辭汝反，又慈呂反。申畫郊圻，愼固封守，以康四海。傳郊圻雖舊所規畫。當重分明之。又當謹愼堅固封疆之守備。以安四海。京圻安則四海安矣。○守，徐始救反。重，直用反。政貴有恆，辭尚體要，不惟好異。傳政以仁義爲常。辭以理實爲要。故貴尚之。若異於先王。君子所不好。○好，呼報反。

商俗靡靡，利口惟賢，餘風未殄，公其念哉。

傳 紂以靡靡利口惟賢，覆亡國家。今殷民利口餘風未絶，公其念絶之。○覆，芳服反。

疏 王曰至念哉○正義曰：王更歎而呼畢公曰：嗚呼！父師，今日我敬命公以周公所爲之事，公其往爲之哉！公往至彼，當識别善之與惡，表異其善者所居之里，彰明其爲善，病其爲惡。其爲善之人，當立其善風，揚其善聲。其有不循道教之常者，則殊其井田疆界，使之能畏爲惡之禍，慕爲善之福。更重畫郊圻境界，謹慎牢固其封疆守備，以安彼四海之内。爲政貴在有常，言辭尚其體實要約，當不惟好其奇異。商之舊俗，靡靡然好相隨順，利口辯捷，阿諛順旨者，惟以爲賢，餘風至今未絶，公其念絶之哉。戒畢公以治殷民之法。○傳言當至善聲○正義曰：旌旗所以表識貴賤，故傳以旌爲識。淑，善也。慝，惡也。言當識别頑民之善惡，知其善者，表異其所居之里，若令孝子順孫。義夫節婦。表其門閭者也。表其善者。則惡者自見。明其爲善。當褒賞之。病其爲惡。當罪罰之。其有善人。立其善風。令邑里使放傚之。揚其善聲。告之疎遠。使聞知之。○傳其不至沮勸。○正義曰。孟子云。方里爲井。井九百畝。使民死徙無出鄉。鄉田同井。出入相友。守望相助。疾病相扶持。則百姓親睦。然則先王制之爲井田也。欲使民相親愛。生相佐助。死相殯葬。不循道教之常者。其人不可親近。與善民雜居。或染善爲惡。故殊其井田居界。令民不與來往。猶今下民有大罪過不肯服者。則擯出族黨之外。吉凶不與交通。此之義也。亦旣殊其井田。必當思自改悔。使其能畏爲惡之禍。慕爲善之福。所以沮止爲惡者。勸勉爲善者。○傳郊圻至安矣○正義曰。郊圻。謂邑之境界。境界雖舊有規畫。而年世久遠。或相侵奪。當重分明畫之。以防後相侵犯。雖舉邑之郊境爲言。其民田疆畔。亦令更重畫之。不然。何以得殊其井疆也。王城之立四郊。以爲京師屏障。預備不虞。又當謹慎牢固封疆之守備。以安四海之内。此是王之近郊。牢設守備。惟可以安京師耳。而云安四海者。京師安。則四海安矣。○傳紂以至絕之。○正義曰。韓宣子稱紂使師延作靡靡之樂。靡靡者。相隨順之意。紂之爲人。拒諫飾非。惡聞其短。惟以靡靡相隨順。利口捷給。能隨從上意者。以之爲賢。商人效之。遂成風俗。由此所以覆亡國家。殷民利口餘風。至今不絕。公其念絕之。欲令其變惡俗也。我聞曰。世祿之家。鮮克由禮。以蕩陵德。實悖天道。傳特言我聞自古有之。世有祿位。而無禮教。少不以放蕩陵邈有德者。如此實亂天道。○鮮息淺反。悖布內反。敝化奢麗。萬世同流。傳言敝俗相化。車服奢麗。雖相去萬世。若同一流。○敝步祭反。茲殷庶士。席寵惟舊。怙侈滅義。服美于人。傳此殷衆士。居寵日久。怙恃奢侈。

以滅德義。服飾過制美於其民。言僭上。○怙音戶。驕淫矜侉將由惡終。雖收放心閑之惟艱。傳言殷衆士驕恣過制矜其所能。以自侉大。如此不變。將用惡自終。雖令順從周制。心未厭服。以禮閑禦其心惟難。○侉音苦瓜反。厭於葉反。又於甲反。又於豔反。資富能訓惟以永年。惟德惟義時乃大訓不由古訓于何其訓。傳以富資而能順義則惟可以長年命矣。惟有德義是乃大順。若不用古訓典籍於何其能順乎。王曰嗚呼父師邦之安危惟茲殷士不剛不柔厥德允修。傳言邦國所以安危惟在和此殷士而已。治之不剛不柔。寬猛相濟。則其德政信修立。惟周公克慎厥始。惟君陳克和厥中。惟公克成厥終。傳 周公遷殷頑民以消亂階。能慎其始。君陳弘周公之訓。能和其中。畢公闡二公之烈。能成其終。三后協心同厎于道。道洽政治。澤潤生民。傳 三君合心爲一。終始相成。同致于道。道至普洽。政化治理。其德澤惠施。乃浸潤生民。言三君之功。不可不尚。○治。直吏反。施。始豉反。浸。子鴆反。四夷左衽。罔不咸賴。予小子永膺多福。傳 言東夷西戎。南蠻北狄。被髮左衽之人。無不皆恃賴三君之德。我小子亦長受其多福。○祗，而甚反。又而鴆反。公其惟時成周，建無窮之基，亦有無窮之聞。傳公其惟以是成周之治，爲周家立無窮之基業，於公亦有無窮之名，以聞於後世。○爲，于偽反。子孫訓其成式惟乂。傳言後世子孫順公之成法，惟以治。嗚呼！罔曰弗克，惟既厥心；傳人之爲政，無曰不能，惟在盡其心而已。罔曰民寡，惟慎厥事。傳無曰人少不足治也，惟在慎其政事，無敢輕之。○少，詩照反。欽若先王成烈，以休于前政。傳我敬順文武成業，以美於前人之政，所以勉畢公。疏我聞

至其訓○正義曰我聞古人言曰世有祿位之家恃
富驕恣少能用禮以放蕩之心陵邈有德之士如此
者實悖亂天道敝俗相化奢侈華麗雖相去萬世而
共同一流此殷之衆士皆是富貴之家居處寵勢惟
已久矣怙恃奢侈以滅德義身卑而僭上飾其服美
於其人驕恣過制矜能自侈行如此不變將用惡自
終今以法約之雖收歛其放佚之心恒防閑之惟大
艱難資財富足能順道義則惟可以長年命矣惟能
用德惟能行義是乃爲大順德也若不用古之訓典
則於何其能順乎欲令畢公以古之訓典教殷民也
之○傳特言至天道○正義曰凡以善言教化無非古
之訓典於此特言我聞者言此事自古有之所以尤
須嚴禁故也世有祿位財多勢重縱恣其心而無禮
教如此之人少能不以放蕩之心陵邈有德者天道
以上臨下以善率惡今乃以下慢上以惡陵善如此
者實亂天道也○傳此殷至僭上○正義曰席者人
之所處故爲居之義舊久也殷士多是世貴之家故
爲居寵日久怙恃已之奢侈自謂奢侈爲賢德義廢

而不行。故爲以滅德義。又以人輕位卑。美服盛飾。是服飾過制度。美於其人。言僭上服。服勝人也。○傳言殷至惟難○正義曰。淫訓過也。故爲過制。强梁者不得其死。好勝者必遇其敵。故矜侉不變。將用惡自終。言雖收放心。則已收之矣。雖令順從周制。思威自止。故怨猶在。心未厭服。故以禮閑禦其心惟難也。閑謂防閑。禦禁止也。○傳敬順至畢公○正義曰。美於前人之政。謂光前人之政。所以勉勸畢公。

君牙第二十七

周書

穆王命君牙爲周大司徒。傳穆王。康王孫。昭王子。○穆王名滿。君牙或作君惟。

作君牙。傳君牙。臣名。

君牙傳命以其名。遂以名篇。

王若曰。嗚呼。君牙。傳 順其事而歎。稱其名而命之。惟乃祖乃父世篤忠貞。服勞王家。厥有成績。紀于太常。傳 言汝父祖。世厚忠貞。服事勤勞王家。其有成功。見紀錄書于王之太常。以表顯之。王之旌旗。畫日月曰太常。○畫。胡卦反。惟予小子。嗣守文武成康遺緒。亦惟先正之臣。克左右亂四方。傳 惟我小子。繼守先王遺業。亦惟父祖之臣。能佐助我治四方。言已無所能。心之憂危。若蹈虎尾。涉于春冰。傳 言祖業之大。已才之弱。故心懷危懼。虎尾畏噬。春冰畏陷。危懼之甚。○蹈。徒報反。噬。市制反。陷。陷沒之陷。疏穆王至春冰。○正義曰。穆王命其臣名君牙者。爲周大司徒之卿。以策書命之。史錄其策書。作君牙。○傳言汝至太常。○正義曰。周禮司勳云。凡有功者。銘書於王之太常。祭於大烝。鄭玄云。銘之言名也。生則書于王旌。以識其人與其功也。死則於烝先王祭之。是有功者書於王之太常以表顯之也。周禮司常云。日月爲常。王建太常。是王之旌旗畫日月名之曰太常也。

今命爾予翼。作股肱心膂。傳今命汝爲我輔翼股肱心體之臣。言委任。○膂音旅。纘乃舊服。無忝祖考。弘敷五典。式和民則。傳繼汝先祖故所服。忠勤無辱累祖考之道。大布五常之教。用和民令有法則。○累劣僞反。令力呈反。爾身克正。罔敢弗正。民心罔中。惟爾之中。傳言汝身能正則下無敢不正。民心無中。從汝取中。必當正身示民以中正。

夏暑雨。小民惟曰怨咨。傳 夏月暑雨。天之常道。小人惟曰怨歎咨嗟。言心無中也。**冬祁寒。小民亦惟曰怨咨。**傳 冬大寒。亦天之常道。民猶怨咨。**厥惟艱哉。思其艱以圖其易。民乃寧。**傳 天不可怨。民猶怨嗟。治民其惟難哉。當思慮其難以謀其易。民乃寧。○易。以豉反。

疏「令命」至「乃寧」。○正義曰。王言我以危懼之故。今命汝爲大司徒。汝當作我股肱心膂。言將任之如己身也。繼汝祖先世舊所服行。亦如父祖忠勤。無爲不忠。辱累汝祖考。當須大布五常之教。用和天下兆民。令有法則。凡欲率下。當先正身。汝身能正。則下無敢不正。民心無能中正。惟取汝之中正。汝當正身心以率之。夏月大暑大雨。天之常也。小民惟曰怨恨而咨嗟。冬月大寒。亦天之常也。小民亦惟曰怨恨而咨歎。天不可怨。民尚怨之。治民欲使無怨。其惟難哉。思慮其難以謀其易。爲治不違道。不逆民。民乃安矣。○傳今命至委任○正義曰。股。足也。肱。臂也。膂。背也。汝爲我輔翼。當如我之身。故舉四支以喻爲股肱心體之臣。言委任如身也。傳以膂爲體。以見四者皆體。非獨膂爲體也。禮記緇衣云。民以君爲心。君以民爲體。此舉四體。今以臣爲心者。君臣合體。則亦同心。詩云。赳赳武夫。公侯腹心。是臣亦爲君心也。○傳冬大至怨嗟○正義曰。傳以祁爲大。故云冬大寒。寒言大則夏暑雨是大雨。於此言祁以見之。上言暑雨。此不言寒雪者。於上言雨以見之。互相備也。

嗚呼丕顯哉文王謨。傳歎文王所謀大顯明。丕承哉武王烈。傳言武王業美大可承奉。啓佑我後人咸以正罔缺。傳文武之謀業大明可承奉。開助我後嗣。皆以正道無邪缺。○缺，苦穴反。**爾惟敬明乃訓，用奉若于先王。**傳 汝惟當敬明汝五教，用奉順於先王之道。**對揚文武之光命，追配于前人。**傳 言當答揚文武光明之命，君臣各追配於前令名之人。疏 鳴呼至前人。○正義曰。王又歎言。鳴呼。大是顯明哉。文王之謀也。大可承奉哉。武王之業也。文王之謀。武王之業。開道佑助我在後之人。皆以正道無邪缺。言先王之道易可遵也。汝惟敬明汝之五教。用奉順於先王之道。汝當答揚文武光明之命。追配於前世令名之人。令其順先王之道。同古之大賢也。○傳言武至承奉○正義曰。文王未克殷。始謀造周。故美其謀。武王以殺紂。功成業就。故美其業。謀則明白可遵。業則功成可奉。故謀言顯。烈言承。詩周頌武篇曰。於皇武王。無競維烈。亦美武王業之大也。○傳文王至邪缺○正義曰。文始謀之。武卒成之。文謀大明。武業可奉。言先王以此成功。開道佑助我之後人。使我得安其事而奉行之。以正道見其無邪周鈌失。見其周備。故傳言無邪鈌。**王若曰。君牙。乃惟由先正舊典時式。民之治亂在茲。**傳汝惟當奉用先正之臣所行故事舊典文籍是法。民之治亂。在此而已。用之則民治。廢之則民亂。○治。直吏反。下註同。**率乃祖考之攸行。昭乃辟之有乂。**傳言當循汝父祖之所行。明汝君之有治功。○辟。必亦反。

疏「王若」至「有乂」。○正義曰。王順而呼之曰。君牙。汝爲大司徒。惟當奉用先世正官之法。諸臣所行故事舊典。於是法則之。民之治亂。在此而已。汝必奉而用之。循汝祖考之所行。明汝君之有治功。汝君。王自謂也。

冏命第二十八

周書

穆王命伯冏爲周太僕正。傳 伯冏。臣名也。太僕長。太御中大夫。○冏。九永反。字亦作臩。長。諸丈反。

作冏命。

冏命 傳 以冏見命名篇。疏 穆王至冏命○正義曰。穆王命其臣名伯冏者。爲周太僕正之官。以策書命之。史錄其策書。作冏命。○傳 伯冏至大夫○正義曰。正訓長也。周禮太御中大夫。太僕下大夫。孔以此言太僕正。則官高於太僕。故以爲周禮太御者。知非周禮太僕。若是周禮太僕。則此云太僕是矣。何須云正乎。且此經云。命汝作大正。正于羣僕。案周禮太馭中大夫而下。有戎僕齊僕道僕田僕。太御最爲長。既稱正于羣僕。故以爲太御中大夫。且與君同車。最爲親近。故春秋隨侯寵少師。以爲車右。漢書文帝愛趙同。命之爲御。是御者最爲密昵。故此經云。汝無昵於憸人。充耳目之官。故以爲太御中大夫。掌御王輅之官。戎僕雖中大夫。以戎事爲重。敘在太御之下。故以大僕爲長。大僕雖掌燕朝。非親近之任。又是下大夫。不得爲長。

王若曰。伯冏。惟予弗克于德。嗣先人宅丕后。傳 順其事以命伯冏。言我不能於道德。繼先人居大君之位。人輕任重。怵惕惟厲。中夜以興。思免厥愆。傳 言常悚懼惟危。夜半以起。思所以免其過悔。○怵。勑律反。惕。他歷反。

昔在文武聰明齊聖。小大之臣。咸懷忠良。傳 聰明視聽遠。

齊通。無滯礙。臣雖官有尊卑。無不忠良。○礙，五代反。**其侍御僕從罔匪正人。**傳雖給侍進御僕役從官。官雖微。無不用中正之人。○御，如字。一音禦。從，才用反。註及下註侍從同。**以旦夕承弼厥辟。出入起居。罔有不欽。**傳小臣皆良。僕役皆正。以旦夕承輔其君。故君出入起居。無有不敬。**發號施令。罔有不臧。下民祗若。萬邦咸休。**傳言文武發號施令。無有不善。下民敬順其命。萬國皆美其化。疏「王若」至「咸休」。○正義曰。王順其事而呼之曰。伯冏。惟我不能於道德。而繼嗣先人居大君之位。人輕任重。終常悚懼。心內怵惕。惟恐傾危。中夜以起。思望免其愆過。昔在文王武王。聰無所不聞。明無所不見。齊。中也。每事得中。聖。通也。通知諸事。其身明聖如此。又小大之臣。無不皆思忠良。其左右侍御僕從。無非中正之人。以旦夕承輔其君。故其君出入起居。無有不欽。文武發號施令。無有不善。以此之故。下民敬順其命。萬邦皆美其化。由臣善故也。○傳言常至滴悔○正義曰。禮記祭義云。春雨露既濡。君子履之。必有怵惕之心。怵惕是心動之名。多憂懼之意也。厲訓危也。言常悚懼。惟恐傾危。易稱夕惕若厲。即此義也。○傳聰明至忠良○正義曰。聰發於耳。明發於目。故爲視聽遠也。齊訓中也。聖訓通也。動必得中。通而先識。是無滯礙也。

惟予一人無良。實賴左右前後有位之士。匡其不及。傳惟我一人無善。實恃左右前後有職位之士。匡正其不及。言此責羣臣正己。

縄愆糾謬。格其非心。俾克紹先烈。傳言恃左右之臣。彈正過誤。檢其非妄之心。

萬曆十五年刊　尚書疏卷十九　二

使能繼先王之功業。○繩，市陵反。俾，必爾反。疏惟予至先烈○正義曰：王言惟我一人無善，亦既無知，實恃賴左右前後有職位之臣，匡正其智所不及者，責羣臣使正己也。即言正己之事：繩其愆過，糾其錯謬，格其非妄之心。心有妄作，則格正之，使能繼先王之功業。言得臣匡輔，乃可繼世也。○傳言侍至功業○正義曰：木不正者，以繩正之。繩謂彈正，糾謂發舉。其愆過則彈正之，有錯謬則舉發之。格謂檢括，其有非理枉妄之心，檢括使妄心不作。臣當如此匡君，使能繼先王之功業。言己無能，責臣使如此也。今予命汝作大正，正于羣僕侍御之臣。傳欲其教正羣僕，無敢佞僞。懋乃后德，交修不逮。傳言侍御之臣，無小大親疏，皆當勉汝君爲德，更代修進其所不及。○更，古衡反。慎簡乃僚，無以巧言令色便辟側媚，其惟吉士。傳當謹慎簡選汝僚屬侍臣。無得用巧言無實。令色無質。便辟足恭。側媚諂諛之人。其惟皆吉良正士。○便。婢緜反。辟。匹亦反。徐扶亦反。足。將住反。諛。徐以朱反。

疏「令予」至「吉士」。○正義曰。今我命汝作太僕官大正。汝當教正於羣僕侍御之臣。勸勉汝君爲德。汝與同僚。交更修進汝君智所不及之事。汝爲僕官之長。當慎簡汝之僚屬。必使皆得正人。無得用巧言令色便辟側媚之人。其惟皆當用吉良善士。令選其在下屬官。小臣僕隷之等。皆用善人。○傳「欲其」至「佞僞」。○正義曰。作大正。正。長也。作僕官之長。正於羣僕。令教正之。二正義不同也。羣僕雖官有小人。皆近天子。近人主者。多以諂佞自容。令大僕教正羣僕。明使教之。無敢佞僞也。案周禮太馭中大夫。掌御玉輅。戎僕中大夫。掌御戎車。齊僕下大夫。掌御金輅。道僕上士。掌馭象輅。田僕上士。掌馭田輅。羣僕謂此也。○傳「當謹」至「正士」。○正義曰。府史已下官長所自辟除。命士以上。皆應人主自選。此令大僕正謹慎簡選僚屬者。人主所用。皆由臣下。臣下銓擬。可者然後用之。故令太僕正慎簡僚屬也。論語稱巧言令色足恭。左丘明恥之。便辟是巧言令色之類。知是彼足恭也。巧言者。巧爲言語以順從上意。無情實也。令色者。善爲顔色以媚説人主。無本質也。便僻者。前却俯仰以足爲恭。側媚者。爲僻側之事以求媚於君。此等皆是諂諛之人。不可用爲近官也。媚。愛也。襄三十年左傳云。鄭子產謂子皮曰。誰敢求愛於子。知此爲側媚者爲側行以求愛。非是愛側人也。若能愛在上。則忠臣也。不當禁其無用。**僕臣正。厥后克正。僕臣諛。厥后自聖。**傳言僕臣皆正。則其君乃能正。僕臣諂諛。則其君乃自謂聖。**后德惟臣。不德惟臣。**傳君之有德。惟臣成之。君之無德。惟臣誤之。言君所行善惡。專在左右。**爾無昵于**

憸人充耳目之官迪上以非先王之典。傳汝無親近於憸利小子之人，充備侍從在視聽之官，道君上以非先王之法。○昵，女乙反。憸，息廉反，徐七漸反，利口也，本亦作思。近，附近之近。道，導也。非人其吉，惟貨其吉。傳若非人其實吉良，惟以貨財配其吉良，以求入於僕侍之臣，汝當清審。若時瘝厥官。傳若用是行貨之人，則病其官職。○瘝，故頑反。惟爾大弗克祗厥辟，惟予汝辜。傳用行貨之人，則惟汝大不能敬其君，惟我則亦以此罪汝，言不忠也。王曰：嗚呼！欽哉！永弼乃后于彝憲。傳歎而勑之，使敬用所言，當長輔汝君於常法。此穆王庶幾欲蹈行常常法。

呂刑第二十九

周書

呂命。傳呂侯見命爲天子司寇。穆王訓夏贖刑。傳呂侯以穆王命作書。訓暢夏禹贖刑之法。更從輕以布告天下。○贖，音蜀。注及下同。作呂刑。

呂刑傳後爲甫侯。故稱甫刑。疏呂命至呂刑○正義曰。呂侯得穆王之命。爲天子司寇之卿。穆王於是用呂侯之言。訓暢夏禹贖刑之法。呂侯稱王之命而布告天下。史錄其事。作呂刑。○傳呂侯至司寇○正義曰。呂侯得王命。必命爲王官。周禮司寇掌刑。知呂侯見命爲天子司寇。鄭玄云。呂侯受王命入爲三公。引書說云。周穆王以呂侯爲相。書說。謂書緯刑將得放之篇有此言也。以其言相。知爲三公。即如鄭言。當以三公領司寇不然。何以得專主刑也。○傳呂侯至天下○正義曰。名篇謂之呂刑。其經皆言王曰。知呂侯以穆王命作書也。經言陳罰贖之事。不言何代之禮。故序言訓夏。以明經是夏法。王者代相革易。刑罰世輕世重。殷以變夏。周又改殷。夏法行於前代。廢已久矣。今復訓暢夏禹贖刑之法。以周法傷重。更從輕以布告天下。以其事合於當時。故孔子録之以爲法。經多說治獄之事。是訓釋申暢之也。金作贖刑。唐虞之法。周禮職金。掌受士之金罰貨罰入于司兵。則周亦有贖刑。而遠訓夏之贖刑者。周禮惟言士之金罰。人似不得贖罪。縱使亦得贖罪。贖必異於夏法。以夏刑爲輕。故祖而用之。罪實則刑之。罪疑則贖之。故當並言贖刑。非是惟訓贖罰也。周禮司刑。掌五刑之法。以麗萬

民之罪。墨罪五百。劓罪五百。宮罪五百。剕罪五
百。殺罪五百。五刑惟有二千五百。此經五刑之
屬三千。案刑數乃多於周禮。而言變從輕者。周
禮五刑皆有五百。此則輕刑少而重刑多。此經
墨劓皆千。剕刑五百。宮刑三百。大辟二百。輕刑
多而重刑少。變周用夏。是改重從輕也。然則周
公聖人。相時制法。而使刑罰大重。今穆王改易
之者。穆王遠取夏法。殷刑必重於夏。夏承堯舜
之後。民淳易治。故制刑近輕。輕則民慢。故殷刑
稍重。自湯已後。世漸苛酷。紂作炮烙之刑。明知
刑罰益重。周承暴虐之後。不可頓使太輕。雖減
之輕。猶重於夏法。成康之間。刑措不用。下及穆
王。民猶易治。故呂侯度時制宜。勸王改從夏法。
聖人之法。非不善也。而不以經遠。呂侯之智。非
能高也。而法可以適時。苟適於時。事即可爲善。
亦不言呂侯才高於周公。法勝於前代。所謂觀
民設教。遭時制宜。刑罰所以世輕世重。爲此故
也。○傳後爲至甫刑○正義曰。禮記書傳引此

篇之言。多稱爲甫刑曰。故傳解之。後爲甫侯。故或稱甫刑。知後爲甫侯者。以詩大雅崧高之篇。宣王之詩。云生甫及申。揚之水。爲平王之詩。云不與我戍甫。明子孫改封爲甫侯。不知因呂國改作甫名。不知別封餘國而爲甫號。然子孫封甫。穆王時未有甫名。而稱爲甫刑者。後人以子孫之國號名之也。猶若叔虞初封於唐。子孫封晉。而史記稱晉世家。然宣王以後。改呂爲甫。鄭語史伯之言。幽王之時也。乃云。申呂雖衰。齊許猶在。仍得有呂者。以彼史伯論四嶽治水。其齊許申呂。是其後也。因上申呂之文。而云申呂雖衰呂卽甫也。

惟呂命王享國百年耄荒。傳言呂侯見命爲卿時穆王以享國百年。耄亂荒忽。穆王卽位。過四十矣。言百年大期。雖老而能用賢以揚名。○耄。今亦作薹。毛報反。切韻莫報反。度作刑以詰四方。傳度時世所宜。訓作贖刑。以治天下四方之民。○度。待洛反。註同。馬如字。云法度也。詰。起一反。疏惟呂至四方。○正義曰。惟呂侯見命爲卿。於時穆王享有周國。已積百年。王精神耄亂而荒忽矣。王雖老耄。猶能用賢。取呂侯之言。度時世所宜。作夏贖刑。以治天下四方之民也。○傳言呂至揚名。○正義曰。史述呂侯見命而記王年。知其得命之時王已享國百年也。曲禮云。八十九十曰耄。是耄荒爲年老精神耄亂荒忽也。穆王即位之時。已年過四十矣。此至命呂侯之年。未必已有百年。言百年者。美大其事。雖則年老而能用賢以揚名。故記其百年之耄荒也。周本紀云。甫侯言於王。作修刑辟。是修刑法者。皆呂侯之意。美王能用之。穆王即位過四十者。不知出何書也。周本紀云。穆王即位。春秋已五十矣。立五十五年崩。司馬遷若在孔後。或當各有所據。無逸篇言殷之三王。及文王享國若干年者。皆謂在位之年。此言享國百年。乃從生年而數。意在美王年老能用賢而言其長壽。故舉從生之年。以耄荒接之。美其老之意也。文不害意。不與彼同。

王曰若古有訓。蚩尤惟始作亂。延及于平民。傳順古有遺訓。言蚩尤造始作亂。惡化相易。延及於平善之人。九黎之君號曰蚩尤。○蚩尺之反。尤有牛反。馬云。少昊之末九黎君名。

罔不寇賊鴟義姦宄奪攘矯虔。傳平民化之。無不相寇賊。爲鴟梟之義。以相奪攘。矯稱上命。若固有之。亂之甚。○鴟尺之反。鴟梟惡鳥。馬云。鴟輕也。義本亦作誼。宄音軌。攘如羊反。矯居表反。虔其然反。

苗民弗用靈制以刑。惟作五虐之刑。曰法。傳三苗之君。習蚩尤之惡。不用善化民。而制以重刑。惟爲五虐之刑。自謂得法。

蚩尤。黄帝所滅。三苗。帝堯所誅。言異世而同惡。**殺戮無辜。爰始淫爲劓刵椓黥。**傳三苗之主。頑凶若民。敢行虐刑。以殺戮無罪。於是始大爲截人耳鼻。椓陰黥面。以加無辜。故曰五虐。○劓。魚器反。刵。徐如志反。椓。竹角反。黥。其京反。**越茲麗刑并制。罔差有辭。**傳苗民於此施刑。并制無罪。無差有直辭者。言淫濫。○麗。力馳反。幷。必政反。**民興胥漸。泯泯棼棼。罔中于信。以覆詛盟。**傳三苗之民。瀆於亂政。起相漸化。泯泯爲亂。棼棼同惡。皆無中于信義。以反背詛盟之約。○泯。面忍反。徐音民。棼。芳云反。徐扶云反。覆。芳服反。徐敷目反。詛。側助反。背。音佩。約。如字。

又於放反。**虐威庶戮方告無辜于上。上帝監民罔有馨香。德刑發聞惟腥。**傳三苗虐政作威。衆被戮者。方方各告無罪於天。天視苗民。無有馨香之行。其所以爲德刑。發聞惟乃腥臭。○聞音問。又如字。註同。腥音星。行。下孟反。**皇帝哀矜庶戮之不辜。報虐以威。遏絶苗民。無世在下。**傳君帝。帝堯也。哀矜衆被戮者之不辜。乃報爲虐者以威誅。遏絶苗民。使無世位在下國也。○皇帝。皇宜作君字。帝。堯也。遏。於葛反。

疏王曰至在下○正義曰。呂侯進言於王。使用輕刑。又稱王之言。以告天下。說重刑害民之義。王曰。順古道有遺餘典訓。記法古人之事。昔炎帝之末。有九黎之國君號蚩尤者。惟造始作亂。惡化遞相染易。延及於平善之民。平民化之亦變爲惡。無有不相寇盜。相賊害。爲鴟梟之義。鈔掠良善。外姦內宄。劫奪人物。攘竊人財。矯稱上命。以取人財。若已固自有之然。蚩尤之惡。已如此矣。至於高辛氏之末。又有三苗之國君。習蚩尤之惡。不肯用善化民。而更制重法。惟作五虐之刑。乃言曰。此得法也。殺戮無罪之人。於是始大爲四種之刑。刵截人耳。劓截人鼻。劅椓人陰。黥割人面。苗民於此施刑之時。并制無罪之人對獄。有罪者無辭。無罪者有辭。苗民斷獄。並皆罪之。無差簡有直辭者。言濫及無罪者也。三苗之民。慣瀆亂政。起相漸染。皆化爲惡。泯泯爲亂。棼棼同惡。小大爲惡。民皆巧詐。無有中于信義。以此無中于信。反背詛盟之約。雖有要約。皆違背之。三苗虐政作威。衆被戮者。方方各告無罪於上天。上天下視苗民。無有馨香之行。其所以爲德刑者。發聞於外。惟乃皆腥臭無馨香也。君帝。帝堯。哀矜衆被殺戮者。不以其罪。乃報爲暴虐者以威。止絶苗民。使無世位在於下國。言以刑虐。故滅之也。○

（傳）順古至蚩尤○正義曰。古有遺訓。順而言之。故爲

順古有遺訓也。蚩尤造始作亂。其事往前未有。蚩尤
今始造之。必是亂民之事。不知造何事也。下說三苗
之主。習蚩尤之惡。作五虐之刑。此章主說虐刑之事。
蚩尤所作。必亦造虐刑也。以峻法治民。民不堪命。故
惡化轉相染易。延及於平善之民。亦化爲惡也。九黎
之君。號曰蚩尤。當有舊說云然。不知出何書也。史記
五帝本紀云。神農氏世衰。諸侯相侵伐。蚩尤最爲暴
虐。莫能伐之。黃帝乃徵師諸侯。與蚩尤戰於涿鹿之
野。遂擒殺蚩尤。而諸侯咸尊軒轅爲天子。如本紀之
言。蚩尤是炎帝之末諸侯名也。應劭云。蚩尤古天子。
鄭云。蚩尤霸天下。黃帝所伐者。漢書音義有臣瓚者。
引孔子三朝記云。蚩尤。庶人之貪者。諸說不同。未知
蚩尤是何人也。楚語曰。少昊氏之衰也。九黎亂德。顓
頊受之。使復舊常。則九黎在少昊之末。非蚩尤也。韋
昭云。九黎氏九人。蚩尤之徒也。韋昭雖以九黎爲蚩
尤。要史記蚩尤在炎帝之末。國語九黎在少昊之末。
二者不得同也。九黎之文。惟出楚語。孔以蚩尤爲九
黎。下傳又云。蚩尤。黃帝所滅。言黃帝所滅。則與史記

同矣。孔非不見楚語而爲此說。蓋以蚩尤是九黎之君。黃帝雖滅蚩尤。猶有種類尚在。故下至少昊之末。更復作亂。若其不然。孔意不可知也。鄭玄云。學蚩尤爲此者。九黎之君。在少昊之代也。其意以蚩尤當炎帝之末。九黎當少昊之末。九黎學蚩尤。九黎非蚩尤也。○傳平民至之甚○正義曰。蚩尤作亂。當是作重刑以亂民。以峻法酷刑。民無所措手足。困於苛虐所酷。人皆苟且。故平民化之。無有不相寇賊。羣行攻刼曰寇。殺人曰賊。言攻殺人以求財也。鴟梟貪殘之鳥。詩云爲梟爲鴟。梟是鴟類。鄭玄云。盜賊狀如鴟梟。鈔掠良善。刼奪人物。傳言鴟梟之義。如鄭說也。釋詁云。虔。固也。若固有之。言取得人物。如巳自有也。○傳三苗至同惡○正義曰。上說蚩尤之惡。即以苗民繼之。知經意言三苗之君。習蚩尤之惡。靈。善也。不用善化民。而制以重刑。學蚩尤制之用五刑。而虐爲之。故爲五虐之刑。不必皐陶五刑之外。別有五也。曰法者。述苗民之語。自謂所作得法。欲民行而畏之。如史記之文。蚩尤黃帝所滅。下句所說三苗帝堯所誅。楚語云。

三苗復九黎之惡。是異世而同惡也。鄭玄以爲苗民卽九黎之後。顓頊誅九黎。至其子孫爲三國。高辛之衰。又復九黎之惡。堯興又誅之。堯末又在朝。舜臣堯。又竄之。後禹攝位。又在洞庭逆命。禹又誅之。穆王深惡此族三生凶德。故著其惡而謂之民。孔惟言異世同惡。不言三苗是蚩尤之子孫。韋昭云。三苗。炎帝之後諸侯共工也。○傳三苗至五虐○正義曰。三苗之主。實國君也。頑凶若民。故謂之苗民。不於上經爲傳者。就此惡行解之。以其頑凶。敢行虐刑。以殺戮無罪。釋詁云。淫。大也。於是大爲截人耳鼻。椓陰黥面。苗民爲此刑也。椓陰。卽宮刑也。黥面。卽墨刑也。康誥周公戒康叔云。無或劓刵人。卽周世有劓刵之刑。非苗民別造此刑也。以加無辜。故曰五虐。鄭玄云。刵斷耳。劓截鼻。椓謂椓破陰。黥爲羈黥人面。苗民大爲此四刑者。言其特深刻。異於皋陶之爲。鄭意蓋謂截耳截鼻多截之。椓陰苦於去勢。黥面甚於墨額。孔意或亦然也。○傳三苗至之約○正義曰。三苗之民。謂三苗國內之民也。瀆謂慣瀆。苗君久行虐刑。民慣見亂政。習以爲常。起相漸化。泯泯。相似之意。棼棼。擾攘之狀。泯泯爲亂。習爲亂也。棼棼同惡。共爲惡也。中。猶當也。皆無中於信義。言爲行無與信義合者。詩云。君子屢盟。亂是用長。亂世之民。多相盟詛。既無信義。必皆違之。以此無中於信。反背詛盟之約也。○傳三苗至腥臭○正義曰。方方各告無罪於上天。言其處處告也。天矜於下。俯視苗民。無有馨香之行。馨香以喻善也。其所以爲德刑。苗民自謂是德刑者。發聞於外。惟乃皆是腥臭。腥臭喻惡也。○傳君帝至下國○正義曰。釋詁云。皇。君也。此言遏絶苗民。下句即云乃命重黎。重黎。是帝堯之事。知此滅苗民亦帝堯也。此滅苗民。在堯之初興。使無世位在於下國。而堯之末年。又有竄三苗者。禮。天子不滅國。擇立其次賢者。此爲五虐之君。自無世位在下。其改立者。復得在朝。但此族數生凶德。故歷代每被誅耳

乃命重黎。絶地天通。罔有降格。傳重即羲。黎即和。堯命羲和世掌天地四時之官。使人神不

擾。各得其序。是謂絶地天通。言天神無有降地。地祇不至於天。明不相干。○重。直龍反。黎。力兮反。

羣后之逮在下。明棐常鰥寡無蓋。【傳】羣后諸侯之逮在下國。皆以明明大道。輔行常法。故使鰥寡得所。無有掩蓋。○棐。音匪。又芳鬼反。鰥。居頑反。

皇帝清問下民鰥寡有辭于苗。【傳】帝堯詳問民患。皆有辭怨於苗民。○清問。馬云。清訊。

德威惟畏。德明惟明。【傳】言堯監苗民之見怨。則又增修其德。行威則民畏服。明賢則德明人。所以無能名焉。

【疏】乃命至惟明 ○正義曰。三苗亂德。民神雜擾。帝堯既誅苗民。乃命重黎二氏。使絶天地相通。令民神不雜。於是天神無有下至地。地民無有上至天。言天神地民不相雜也。羣后諸侯相與在下國羣臣。皆以明明大道。輔行常法。鰥寡皆得其所。無有掩蓋之者。君帝。帝堯。清審詳問。下民所患。鰥寡皆有辭怨於苗民。言誅之合民意。堯視苗民見怨。則又增修其德。以德行威。則民畏之。不敢爲非。以德明人。人皆勉力自修。使德明。言堯所行賞罰得其所也。○傳重即至相干○正義曰。楚語云。昭王問於觀射父曰。周書所謂重黎實使天地不通者。何也。若無然。民將能登天乎。對曰。非此之謂也。古者民神不雜。少昊氏之衰也。九黎亂德。家爲巫史。民神同位。禍災荐臻。顓頊受之。乃命南正重司天以屬神。命火正黎司地以屬民。使復舊常。無相侵瀆。是謂絶地天通。其後三苗復九黎之德。堯復育重黎之後。不忘舊者。使復典之。彼言主說此事。而堯典云。乃命羲和。欽若昊天。即所謂育重黎之後。使典之也。以此知重即羲也。黎即和也。言羲是重之子孫。和是黎之子孫。能不忘祖之舊業。故以重黎言之。傳言堯乃命羲和掌天地四時之官。堯典文也。民神不擾。是謂絶地天通。楚語文也。孔惟加各得其序一句耳。楚語又云。司天屬神。司地屬民。令神與天在上。民與地在下。定上下之分。使民神不雜。則祭享有度。災厲不生。經言民神分別之意。故言罔有降格。言天神無有降至於地者。謂神不干民。孔因互文云。地民不有上至於天者。言民不干神也。乃揔之云。明不相干。即是民神不雜也。地民或作地祇。學者多聞神祇。又民字似祇。因妄改使謬耳。如楚語云。乃命重黎。是顓頊命之。鄭玄以皇帝哀矜庶戮之不辜。至罔有降格。皆說顓頊之事。乃命重黎。即是命重黎之身。非羲和也。皇帝清問以下。乃說堯事。顓頊與堯。再誅苗民。故上言遏絶苗民。下云有辭於苗。異代別時。非一事也。案楚語云。少昊氏之衰也。九黎亂德。又云。其後三苗復九黎之德。則九黎三苗。非一物也。顓頊誅九黎。謂之遏絶苗民。於鄭義爲不愜。楚語言顓頊命重黎。解爲帝堯命羲和。於孔說又未允。不知二者誰得經意也。○傳言堯至名焉

○正義曰。此經二句。說帝堯之德事也。而其言不順。文在苗民之下。故傳以爲堯監苗民之見怨。則又增

修其德。敦德以臨之。以德行其威罰。則民畏之而不敢爲非。明賢則德明人者。若凡人雖欲以德明賢者。不能照察。今堯德明賢者。則能以德明識賢人。故皆勸慕爲善。明與上句相互。則德威者。凡人雖欲以德行威。不能威肅。今堯行威罰。則能以德威罰罪人。故人皆畏威服德也。

乃命三后恤功于民。伯夷降典。折民惟刑。禹平水土。主名山川。稷降播種。農殖嘉穀。傳 伯夷下典禮。教民而斷以法。禹治洪水。山川無名者主名之。后稷下教民播種。農畝生善穀。所謂堯命三君。憂功於民。○折之設反。下同。馬鄭王皆音悊。馬云。智也。種。音章用反。殖。承力反。斷。丁亂反。下同。

三后成功。惟殷于民。傳 各成其功。惟所以殷盛於民。言禮教備。衣食足。

士制百姓于

刑之中。以教祗德。傳言伯夷道民典禮。斷之以法。皐陶作士。制百官於刑之中。助成道化。以教民爲敬德。而反。○祇。止

疏乃命至祗德。○正義曰。堯既誅苗民。乃命三君伯夷禹稷。憂施功於民。使伯夷下禮典教民。折斷下民惟以典法。伯禹身平治水土。主名天下山川。其無名者皆與作名。后稷下教民布種在於農畝。種殖嘉穀。三君者各成其功。惟以殷盛於民。使民衣食充足。乃使士官。制御百官之姓於刑之中。正以教民爲敬德。言先以禮法化民。民既富而後教之。非苟欲刑殺也。○傳伯夷至於民。○正義曰。伯夷與稷言降。禹不言降。降可知。降。下也。從上而下於民也。舜典。伯夷主禮典。教民而斷以法。即論語所謂齊之以禮也。山川與天地並生。民應先與作名。但禹治水。萬事改新。古老既死。其名或滅。故當時無名者。禹皆主名之。言此者。以見禹治山川。爲民於此耕稼。故也。此三事者。皆是爲民。故傳既解三事。乃結上句。此

即所謂堯命三君。憂功於民。憂欲與民施功也。此三事之次。當禹功在先。先治水土。乃得種穀。民得穀食。乃能行禮。管子云。衣食足。知榮辱。倉廩實。知禮節。是言足食足衣。然後行禮也。此經先言伯夷者。以民爲國之本。禮是民之所急。將言制刑。先言用禮。刑禮相須。重禮。故先言之也。○（傳）言伯至敬德。○正義曰。此經大意。言禹稷教民。使衣食充足。伯夷道民。使知禮節。有不從教者。乃以刑威之。故先言三君之功。乃說用刑之事。言禹稷教民稼穡。衣食既已充足。伯夷道民典禮。又能折之以法。禮法既行。乃使皋陶作士。制百官於刑之中。令百官用刑皆得中正。使不僭不濫。不輕不重。助成道化。以教民爲敬德。言從伯夷之法。敬德行禮也。

穆穆在上。明明在下。灼于四方。罔不惟德之勤。（傳）堯躬行敬敬在上。三后之徒秉明德。明君道於下。灼然彰著四方。故天下之士無不惟德之勤。**故乃**

明于刑之中。率乂于民棐彝。傳天下皆勤立德。故乃能明於用刑之中正。循道以治於民。輔成常教。○治。直吏反。疏穆穆至棐彝。○正義曰。言堯躬行敬敬之道。在於上位。三后之徒。躬秉明德。明君道在於下。君臣敬明其德。灼然著於四方。故天下之士。無不惟德之勤。悉皆勤行德矣。天下之士。皆勤立德。故乃能明於用刑之中正。循大道以治於民。輔成常教。美堯君臣明德。能用刑得中。以輔禮教。○傳堯躬至之勤○正義曰。釋訓云。穆穆。敬也。明明。重明。則穆穆重敬。當敬天敬民。在於上位也。明明在下。則是臣事。知是三后之徒秉明德。明君道於下也。彰著於四方。四方皆法効之。故天下之士。無不惟德之勤。○傳天下至常教。○正義曰。刑者所以助教而不可專用。非是身有明德。則不能用刑。以天下之大。萬方之衆。必當盡能用刑。天下乃治。此美堯能使天下皆勤立德。故乃能明於用刑之中正。言天下皆能用刑。盡得中正。循治民之道以治於民。輔成常教。伯夷所典之禮。是常行之教也。**典獄非訖于威。惟訖于富。**傳 言堯時主獄。有威有德有恕。非絕於威。惟絕於富。世治貨賂不行。○賂，來故反。**敬忌罔有擇言在身。**傳 堯時典獄。皆能敬其職。忌其過。故無有可擇之言在其身。**惟克天德自作元命配享在下。**傳 凡明於刑之中。無擇言在身。必是惟能天德。自爲大命。配享天意。在於天下。疏 典獄至在下。○正義曰。堯時典獄之官。非能止絕於威。有犯必當行威。威刑不可止也。惟能止絕於富。受貨然後得富。無貨富自絕矣。言於時世治貨賂不行。堯時典獄之官。皆能敬其職事。忌其過失。無有可擇之言在於其身。天德平均。惟能爲天之德。志性平均。自爲長久大命。配當天意。

在於天下。言堯德化之深。於特典獄之官皆能賢也。○傳言堯至不行○正義曰。堯時主獄之官。有威嚴。有德行。有恕心。有犯罪必罪之。是有威也。無罪則赦之。是有德也。有威有德有恕心。行之不受貨賂。是恕心也。訖是盡也。故傳以訖爲絕。不可能使民不犯。非絕於威。能使不受貨賂。惟絕於富。言以恕心行之。世治則貨賂不行。故獄官無得富者。○傳凡明至天下○正義曰。惟克天德。言能效天爲德。當謂天德平均。獄官效天爲平均。凡能明於刑之中正矣。又能使無可擇之言在身者。此人必是惟能爲天平均之德。斷獄必平矣。皇天無親。惟德是輔。若能斷獄平均者。必壽長久。大命。大命由巳而來。是自爲大命。享訓當也。是此人能配當天命。在於天之下。鄭云。大命謂延期長久也。

王曰。嗟四方司政典獄。非爾惟作天牧。傳主政典獄。謂諸侯也。非汝惟爲天牧民乎。言任重是汝。○爲于僞反。任而鴆反。重輕重之重。今爾何監。

非時伯夷播刑之迪。傳 言當視是伯夷布刑之道而法之。其今爾何懲惟時苗民匪察于獄之麗。傳 其今汝何懲戒乎。所懲戒。惟是苗民非察於獄之施刑以取滅亡。○麗。力馳反。罔擇吉人觀于五刑之中惟時庶威奪貨。傳 言苗民無肯選擇善人。使觀視五刑之中正。惟是衆爲威虐者。任之以奪取人貨。所以爲亂。斷制五刑以亂無辜上帝不蠲降咎于苗。傳 苗民任奪貨姦人。斷制五刑。以亂加無罪。天不潔其所爲。故下咎罪謂誅之。○蠲。吉緣反。咎。其九反。苗民無辭于罰乃絶厥世。傳言罪重無以辭於天罰。故堯絕其世。申言之爲至戒。

疏王曰至厥世。○正義曰。王呼諸侯戒之曰。咨嗟。汝四方主政事典獄訟者諸侯之君等。非汝惟爲天牧養民乎。言汝等皆爲天養民。言任重也。受任既重。當觀古成敗。今汝何所監視乎。其所視者。非是伯夷布刑之道乎。言當效伯夷善布刑法受令名也。其今汝何所懲創乎。其所創者。惟是苗民。非察於獄之施刑乎。言當創苗民施刑不當。取滅亡也。彼苗民之爲政也。無肯選擇善人。使觀視於五刑之中正。惟是衆爲威虐者。任之以奪取人之貨賂。任用此人。使斷制五刑。以亂加無罪之人。上天不潔其所爲。故下咎惡於苗民。苗民無以辭於天罰。堯乃絕滅其世。汝等安得不懲創乎。○傳言當至法之○正義曰。伯夷典禮。臯陶主刑。刑禮相成以爲治。不使視臯陶而令視伯夷者。欲其先禮而後刑。道之以禮。禮不從。乃刑之。則刑亦伯夷之所布。故令視伯夷布刑之道而法之。○王肅云。伯夷道之以禮。齊之以刑。○傳其今至滅亡○

正義曰。上言非時。此言惟時。文異者。非時者。言豈非是事也。惟時者。言惟當是事也。雖文異而意同。惟是苗民非察於獄之施刑以取滅亡也。言其正謂察於獄之施刑不當於罪以取滅亡。○傳苗民至誅之。○正義曰。以亂加無罪者。正謂以罪加無罪是亂也。蠲訓潔也。天不潔其所爲者。鄭玄云。天以苗民所行腥腺不潔。故下禍誅之。

王曰。嗚呼。念之哉。傳念以伯夷爲法。苗民爲戒。

伯父伯兄仲叔季弟幼子童孫。皆聽朕言。庶有格命。傳皆王同姓。有父兄弟子孫列者。伯仲叔季。順少長也。舉同姓包異姓。言不殊也。聽從我言。庶幾有至命。○聽。如字。又他經反。少。詩照反。長。竹丈反。

今爾罔不由慰日勤。爾罔或戒不勤。傳今汝無不用安自居。日當勤之。汝無有徒念戒而不勤。○日。人實反。一音日。**天齊于民俾我一日非終。惟終在人。**傳天整齊於下民使我爲之。一日所行。非爲天所終。惟爲天所終。在人所行。○天齊于民。絶句。馬云。齊。中也。俾我。絶句。俾必爾反。馬本作矜。矜。哀也。**爾尚敬逆天命以奉我一人雖畏勿畏雖休勿休。**傳汝當庶幾敬逆天命。以奉我一人之戒。行事雖見畏。勿自謂可敬畏。雖見美。勿自謂有德美。**惟敬五刑以成三德一人有慶兆民賴之其寧惟永。**傳先戒以勞謙之德。次教以惟敬五刑。所以成剛柔正直之三德也。天子有善。則兆民賴之。其乃安寧長久之道。

疏 王曰至惟永○正義曰。王言而歎曰。嗚呼。汝等諸侯其當念之哉。念以伯夷爲法。苗民爲戒。既令念此法戒。又呼同姓諸侯曰。伯父伯兄。仲叔季弟。幼子童孫等。汝皆聽從我言。依行用之。庶幾有至善之命。命必長壽也。今汝等諸侯。無不用安道以自居曰。我當勤之哉。汝已許自勤。即當必勤。汝無有徒念我戒。許欲自勤而身竟不勤。戒使必自勤也。上天欲整齊於下民。使我爲之。今我爲天子整齊下民也。我一日所行失其道。非爲天所終。一日所行得其理。惟爲天所終。此事皆在人所行。言已當慎行以順天也。我已冀欲順天。汝等當庶幾敬逆天命。以奉用我一人之戒。汝所行事。雖見畏勿自謂可敬畏。雖見美勿自謂有德美。欲令其謙而勿自恃也。汝等惟當敬慎用此五刑。以成剛柔正直之三德。以輔我天子。我天子一人有善事。則億兆之民蒙賴之。若能如此。其乃安寧惟久長之道也。○傳皆王至至命○正義曰。此總告諸侯。不獨告同姓。知舉同姓包異姓也。格訓至也。言庶幾有至命。至命當謂至善之命。不知是何命也。鄭玄云。格。登也。登命。謂壽考者。傳云至命。亦謂壽考。○傳今汝至不勤。○正義曰。由。用也。慰。安也。人之行事。多有始無終。從而不改。王旣殷勤教誨。恐其知而不行。或當日欲勤行而中道倦怠。故以此言戒之。今汝等諸侯。無不用安道以自居。言曰我當勤之。安道者。謂勤其職。是安之道。若不勤其職。是危之道也。○傳天整至所行。○正義曰。天整齊於下民者。欲使之順道依理。以性命自終也。以民不能自治。故使我爲之。使我爲天子。我旣受天委付務。欲稱天之心。墜失天命。是不爲天所終。保全祿位。是爲天所終。我一日所行善之與惡。非爲天所終。惟爲天所終。皆在人所行。王言己冀從使爲行稱天意也。○傳汝當至德美。○正義曰。逆。迎也。上天授人爲主。是下天命也。諸侯上輔天子。是逆天命也。言與天意相迎逆也。汝當庶幾敬迎天命。以奉我一人之戒。欲使之順天意而用己命。凡人被人畏。必當自謂己有可畏敬。被人譽。必自謂己實有美德。故戒之。汝等所行事。雖見畏。勿自謂可敬畏。雖見美。勿自謂有德美教之令謙而不自恃也。○傳先戒至之道。○正義曰：上句雖畏勿畏，雖休勿休，是先戒以勞謙之德也。勞謙，易謙卦九三爻辭。謙則心勞，故云勞謙。天子有善，以善事教天下，則兆民蒙賴之。**王曰：吁，來！有邦有土，告爾祥刑。**傳吁，歎也。有國土諸侯，告汝以善用刑之道。○吁，況于反。馬作于，于，於也。**在今爾安百姓，何擇非人？何敬非刑？何度非及？**傳在今爾安百姓兆民之道，當何所擇，非惟吉人乎？當何所敬，非惟五刑乎？當何所度，非惟及世輕重所宜乎？○度，待洛反，注同。馬云：造，謀也。**兩造具備，師聽五辭。**傳兩謂囚證。造，至也。兩至具備，則衆獄官共聽其入五刑之辭。○造，七報反，注同。**五辭簡孚，正于**

五刑。傳五辭簡核信有罪驗則正之於五刑。○核幸革反。

五刑不簡正于五罰。傳不簡核謂不應五刑當正五罰出金贖罪。○應應對之應下同。五罰不服正于五過。傳不服不應罰也正於五過從赦免。五過之疵惟官惟反惟內惟貨惟來。傳五過之所病或嘗同官位或詐反因辭或內親用事或行貨枉法或舊相往來皆病所在。○疵才斯反。來馬本作求云有求請賕也。其罪惟均其審克之。傳以病所在出入人罪使在五過罪與犯法者同其當清察能使之不行。五刑之疑有赦五罰之疑有赦其審克之。

傳　刑疑赦從罰。罰疑赦從免。其當清察能得其理。簡孚有衆。惟貌有稽。傳　簡核誠信。有合衆心。惟察其貌。有所考合。重刑之至。無簡不聽。具嚴天威。傳　無簡核誠信。不聽理其獄。皆當嚴敬天威。無輕用刑。墨辟疑赦。其罰百鍰。閱實其罪。傳　刻其顙而涅之曰墨。刑疑則赦從罰。六兩曰鍰。鍰。黄鐵也。閱實其罪。使與罰各相當。○辟。婢亦反。鍰。徐戶關反。六兩也。鄭及爾雅同。說文云六鋝也。鋝。十一銖二十五分銖之十三也。馬同。又云。賈逵說俗儒以鋝重六兩。周官劒重九鋝。俗儒近是。閱。音悅。顙。素黨反。涅。乃結反。劓辟疑赦。其罰惟倍。閱實其罪。傳　截鼻曰劓刑。倍百爲二

百鍰。剕辟疑赦，其罰倍差，閱實其罪。傳 刖足曰剕。倍
差。謂倍之又半。爲五百鍰。宮辟疑赦，其罰六百鍰，閱
實其罪。傳 宮。淫刑也。男子割勢，婦人幽閉，次死之刑。
序五刑。先輕轉至重者，事之宜。大辟疑赦，其罰千鍰。
閱實其罪。傳 死刑也。五刑疑各入罰。不降相因，古之
制也。墨罰之屬千。劓罰之屬千。剕罰之屬五百。宮罰
之屬三百。大辟之罰其屬二百。五刑之屬三千。傳 別
言罰屬。合言刑屬。明刑罰同屬。互見其義以相備。○
見賢遍反。疏 王曰至天威○正義曰。凡與人言必呼使來
前。吁。歎聲也。王歎而呼諸侯曰。吁。來。有邦國

有土地諸侯國君等。告汝以善用刑之道。在於今日。汝安百姓兆民之道。何所選擇。非惟選擇善人乎。何所敬慎。非惟敬慎五刑乎。何所謀度。非惟度及世之用刑輕重所宜乎。即教諸侯以斷獄之法。凡斷獄者。必令囚之與證。兩皆來至。囚證具備。取其言語。乃與衆獄官共聽其入五刑之辭。其五刑之辭。簡核信實有罪。則正之於五刑。以五刑之罪。罪其身也。五刑之辭。不如衆所簡核。不合入五刑。則正之於五罰。罰謂其取贖也。於五罰論之。又有辭不服。則正之於五過。過失可宥。則赦宥之。從刑入罰。從罰入過。此五過之所病者。惟嘗同官位。惟詐反囚辭。惟内親用事。惟行貨枉法。惟舊相往來。以此五病出入人罪。其罪與犯法者均。其當清證審察。能使五者不行。乃爲能耳。五刑之疑有赦。赦從罰也。五罰之疑有赦。赦從過也。過則赦之矣。其當清證審察。使能之勿使妄入人罪。妄得赦免。既得囚辭。簡核誠信。有合衆心。或皆可刑。或皆可放。雖云合罪。惟更審察其貌。有所考合。謂貌又當罪。乃決斷之。無簡不聽者。謂雖似罪狀。無可簡核誠信合罪者。則不聽理其獄。當放赦之。皆當嚴敬天威。勿輕聽用刑也。○傳在今至宜乎。○正義曰。何度非及。其言不明。以論刑事而言度所及。知所度者。度及世之用刑輕重所宜。王肅云。度。謀也。非當與主獄者。謀慮刑事。度世輕重所宜也。○傳兩謂至之辭。○正義曰。兩謂兩人。謂囚與證也。凡競獄必有兩人爲敵。各言有辭理。或時兩皆須證。則囚之與證。非徒兩人而已。兩人謂囚與證。不爲兩敵。至者將斷其罪。必須得證。兩敵同時在官。不須待至。且兩人競理。或並皆爲囚。各自須證。故以兩爲囚與證也。兩至具備。謂囚證具足。各得其辭。乃據辭定罪。與衆獄官共聽其辭。觀其犯狀。斟酌入罪。或入墨劓。或入宮剕。故云。聽其入五刑之辭也。○傳五辭至五刑。○正義曰。既得囚證。將入五刑之辭。更復簡練核實。知其信有罪狀。與刑書正同。則依刑書斷之。應墨者墨之。應殺者殺之。○傳不簡至贖罪。○正義曰。不簡核者。謂覆審囚證之辭。不如簡核之狀。既囚與證辭不相符合。則是犯狀不定。謂不應五刑。不與五刑書同。獄官疑不能決則當正之於五罰。令其出金贖刑。依準五刑。疑則從罰。故爲五罰。卽下文是也。今律疑罪。各依所犯以贖論。虛實之證等。是非之理均。或事涉疑似。旁無證見。或雖有證見。事涉疑似。如此者皆爲疑罪。○傳不服至赦免。○正義曰。不服。不應罰者。欲令贖罪而其人不服。獄官重加簡核無服疑似之狀。本情非罪。不可强遣出金。如是者。則正之於五過。雖事涉疑似。有罪乃是過失。過則可原。故從赦免。下文惟有五刑五罰而無五過。亦稱五者。緣五罰爲過。故謂之五過。五者之過皆可原也。○傳五過至所在。○正義曰。釋詁云。疵。病也。此五過之所病。皆謂獄吏故出入人罪。應刑不刑。應罰不罰。致之五過而赦免之。故指言五過之疵。於五刑五罰。不赦其罪。未有此病。故不言五刑之疵。五罰之疵。應刑而罰。亦是其病。於赦免言病。則赦刑從罰。亦是病可知。損害王道。於政爲病。故謂之病。惟官。謂嘗同官位。與吏舊同僚也。或詐反囚辭。拒諱實情不承服也。或內親用事。囚有親戚在官吏。或望其意而曲筆也。或行貨於吏。吏受財枉法也。或因與吏舊相往來。此五事皆是病之所在。五事皆是枉法。但枉法多是爲貨。故於貨言枉。餘皆枉可知。○傳以病至不行○正義曰。以五病所在出入人罪。不罰不刑。使得在於五過。妄赦免之。此獄吏之罪。與犯法者同。諸侯國君。清證審察。能使之不行。乃爲善也。此以病所在。惟出人罪耳。而傳幷言入者。有罪而妄出。與無罪而妄入。獄吏之罪等。故以出入言之。今律故出入者與同罪。而此是也。○傳刑疑至其理○正義曰。刑疑有赦。赦從罰也。罰疑有赦。赦從免也。上云五罰不服。正於五過。卽是免之也。不言五過之疑有赦者。知過則赦之。不得疑也。其當清察能得其理。不使應刑妄得罰。應罰妄得免也。舜典云。眚災肆赦。大禹謨云。宥過無大。易解卦象云。君子以赦過宥罪。論語云。赦小過。是過失之罪。皆當赦放。故知過卽是赦之。鄭玄云。不言五過之疑有赦者。過不赦也。禮記云。凡執禁以齊衆者不赦過。如鄭此言。五罰不服。正於五過者。五過皆當罪之也。五刑之疑。赦刑取贖。五罰疑者。反使服刑。是刑疑而輸贖。罰疑而受刑。不疑而更輕。可疑而益重。事之顛倒。一至此乎。謂之祥刑。豈當若是。然則不赦過者。復何所謂。執禁以齊衆。非謂平常之過失也。人君故設禁約。將以齊整大衆。小事易犯。人必輕之。過犯悉皆赦之。衆人不可復禁。是故不赦小過。所以齊整衆人。令其不敢犯也。今律和合御藥誤不如本方。御幸舟船誤不牢固。罪皆死。乏軍興者斬。故失等皆是不赦過也。○傳簡核至之至。○正義曰。簡核誠信。有合衆心。或皆以爲可刑。或以爲可赦。未得即斷之。惟當察其囚貌。更有所考合。考合復同。乃從衆議斷之。重刑之至也。察其貌者。即周禮五聽。辭聽色聽氣聽耳聽目聽也。鄭玄以爲辭聽觀其出言。不直則煩。色聽觀其顔色。不直則赧然。氣聽觀其氣息。不直則喘。耳聽觀其聽聆。不直則惑。目聽觀其眸子。視不直則眊然。是察其貌有所考合也。○傳無簡至用刑。○正義曰。無簡核誠信者。謂簡核之。於罪無誠信效驗可簡核。即是無罪之人當赦之。○傳刻其至相當。○正義曰。五刑之名。見於經傳。唐虞已來。皆有之矣。未知上古起在何時也。漢文帝始除肉刑。其刻顙截鼻刖足割勢。皆法傳於先代。孔君親見之。說文云。顙。頟也。墨一名黥。鄭玄周禮注云。墨。黥也。先刻其面。以墨窒之。言刻頟爲瘡。以墨塞瘡孔。令變色也。六兩曰鍰。蓋古語。存於當時。未必有明文也。考工記云。戈矛重三鋝。馬融云。鋝。量名。當與呂刑鍰同。俗儒云。鋝六兩爲一川。不知所出耳。鄭玄云。鍰稱輕重之名。今代東萊稱。或以太半兩爲鈞。十鈞爲鍰。鍰重六兩太半兩。鍰鋝似同也。或有存行之者。十鈞爲鍰。二鍰四鈞而當一斤。然則鍰重六兩三分兩之二。周禮謂鍰爲鋝。如鄭玄之言。一鍰之重六兩多於孔王所說。惟校十六銖爾。舜典云。金作贖刑。傳以金爲黄金。此言黄鐵者。古者金銀銅鐵。揔號爲金。今別之以爲四名。此傳言黄鐵。舜典傳言黄金。皆是今之銅也。古人贖罪。悉皆用銅。而傳或稱黄金。或言黄鐵。謂銅爲金爲鐵爾。閱實其罪。檢閱核實其所犯之罪。使與罰名相當。然後收取其贖。此既罪疑而取贖。疑罪不定。恐受贖參差。故五罰之下。皆言閱實其罪。慮其不相當故也。○傳刖足至百鍰。○正義曰。釋詁云。剕刖也。李巡云。斷足曰刖。說文云。刖。絶也。是刖者斷絶之名。故刖足曰剕。贖劓倍墨。剕應倍劓。而云倍差。倍之又有差。則不啻一倍也。下句贖宮六百鍰。知倍之又半之。爲五百鍰也。截鼻重於黥額。相校猶少。刖足重於截鼻。所校則多。刖足之罪。近於宮刑。故使贖剕不啻倍劓。而多少近於贖宮也。○傳宮淫至之宜○正義曰。伏生書傳云。男女不以義交者。其刑宮。是宮刑爲淫刑也。男子之陰。名爲勢。割去其勢。與椓去其陰。事亦同也。婦人幽閉。閉於宮。使不得出也。本制宮刑。主爲淫者。後人被此罪者。未必盡皆爲淫。昭五年左傳。楚子以羊舌肸爲司宮。非坐淫也。漢除肉刑。除墨劓剕耳。宮刑猶在。近代反逆緣坐。男子十五以下不應死者皆宮之。大隋開皇之初。始除男子宮刑。婦人猶閉於宮。宮是次死之刑。宮於四刑爲最重也。人犯輕刑者多。犯重刑者少。又以鍰數以倍相加。序五刑先輕後重。取事之宜。○傳死刑至制也○正義曰。釋詁云。辟。罪也。死是罪之大者。故謂死罪爲大辟。經歷陳罰之鍰數。五刑之疑。各自入罰。不降相因。不合死疑入宫。宫疑入剕者。是古之制也。所以然者。以其所犯疑不能决。故使贖之。次刑非其所犯。故不得降相因。○傳別言至相備。○正義曰。此經歷言一百三百五百者。各是刑之條也。每於其條有犯者。實則刑之。疑則罰之。刑屬罰屬。其數同也。別言罰屬。各言其數。合言刑屬。但揔云三千。明刑罰同其屬數。互見其義。以相備也。經云。大辟之罰。其屬二百。文異於上四罰者。以大辟二字。不可云大辟罰之屬。故分爲二句。以其二字足使成文。

上下比罪。無僭亂辭。勿用不行。傳上下比方其罪。無聽僭亂之辭以自疑。勿用折獄不可行。○僭子念反。

惟察惟法。其審克之。傳惟當清察罪人之辭。附以法理。其當詳審能之。

上刑適輕下服。傳重刑有可以虧減。則之輕服下罪。

下刑適重上服。輕重諸罰

有權。傳一人有二罪。則之重而輕。幷數。輕重諸刑罰。各有權宜。○幷。必政反。數。色住反。刑罰世輕世重。惟齊非齊。有倫有要。傳言刑罰隨世輕重也。刑新國。用輕典。刑亂國。用重典。刑平國。用中典。凡刑所以齊非齊。各有倫理。有要善。疏上下至有要○正義曰。此又述斷獄之法。將斷獄訟。當上下比方其罪之輕重。乃與獄官衆議斷之。其因有僭亂之虚辭者。無得聽之。勿用此辭斷獄。此僭亂之辭。言不可行也。惟當清察罪人之辭。惟當附以法理。其當詳審使能之。勿使僭失爲不能也。上刑適輕者。謂一人雖犯一罪。狀當輕重兩條。據重條之上。有可以虧減者。則之輕條服下罪也。下刑適重者。謂一人之身輕重二罪俱發。則以重罪而從上服。令之服上罪。或輕或重。諸所罪罰。皆有權宜。當臨時斟酌其狀。不得雷同加罪。刑罰有世輕世重。當視世所宜。權而行之。行罰者。所以齊非齊者。有倫理。有要善。戒令審量之。○傳上下至可行○正義曰。罪條雖有多數。犯者未必當條。當取故事並之。上下比方其罪之輕重。上比重罪。下比輕罪。觀其所犯。當與誰同。獄官不可盡賢。其間或有阿曲。宜預防之。僭。不信也。獄官與因等。或作不信之辭。以惑亂在上。人君無得聽此僭亂之辭以自疑惑。勿即用此僭亂之辭以之斷獄。此僭亂之言。不可行用也。○傳一人至權宜。○正義曰。一人有二罪。則之重而輕幷數者。謂若一人有二罪。則應兩罪俱治。今惟斷獄以重條。而輕者不更別數。與重幷數爲一。劉君以爲上刑適輕。下刑適重。皆以爲一人有二罪。上刑適輕者。若今律重罪應贖。輕罪應居作官當者。以居作官當爲重。是爲上刑適輕。下刑適重者。謂若二者俱是贓罪。罪從重科。輕贓亦備。是爲而輕幷數也。知不然者。案經既言下刑適重上服。則是重上服而已。何得爲輕贓亦備。又今律云。重罪應贖。輕罪應居作官當者。以居作官當爲重者。此即是下可適重之條。而以爲上刑適輕之例。實爲未允。且孔傳下經始云。一人有二罪。則上經所云。非一人有二罪者也。劉君妄爲其說。故今不從。○傳言刑至要善。○正義曰。刑罰隨世輕重。言觀世而制刑也。刑新國。用輕典。刑亂國。用重典。刑平國。用中典。周禮大司寇文也。鄭玄云。新國者。新辟地立君之國。用輕法者。爲其民未習於教也。平國。承平守成之國。用中典者。常行之法也。亂國。篡弑叛逆之國。用重典者。以其化惡伐滅之也。

罰懲非死人。極于病。傳刑罰所以懲過。非殺人。欲使惡人極于病苦。莫敢犯者。

非佞折獄。惟良折獄。罔非在中。傳非口才可以斷獄。惟平良可以斷獄。無不在中正。

察辭于差。非從惟從。傳察囚辭。其難在於差錯。非從其僞辭。惟從其本情。

哀敬折獄。明啓刑書胥占。咸

庶中正。傳當憐下人之犯法。敬斷獄之害人。明開刑書。相與占之。使刑當其罪。皆庶幾必得中正之道。○當，丁浪反。其刑其罰，其審克之。傳其所刑，其所罰，其當詳審能之。無失中正。獄成而孚，輸而孚。傳斷獄成辭而信。當輸汝信於王。謂上其鞫劾文辭。○上，時掌反。下註同。鞫，九六反。劾，亥代反。王篇胡得反。其刑上備，有并兩刑。傳其斷刑文書上王府，皆當備具。有并兩刑，亦具上之。疏「罰懲」至「兩刑」○正義曰：言聖人之制刑罰，所以懲創罪過，非要使人死也。欲使惡人極於病苦，莫敢犯之而已。非口才辯佞之人可以斷獄，惟良善之人乃可以斷獄。言斷獄無非在其中正，佞人即不能然也。察囚之辭，其難在於言辭差錯。斷獄者。非從其僞辭。惟從其本情。斷獄之時。當哀憐之。下民之犯法。敬慎斷獄之害人。勿得輕耳斷之。必令典獄諸官。明開刑書相與占之。皆庶幾得中正之道。其所刑罰。其當詳審能之。勿使失中。其斷獄成辭。得其信實。又當輸汝信實之狀而告於王。其斷刑文書。上於王府。皆使備具。勿有疎漏。其因若犯二事。罪雖從重。有并兩刑上之者。言有兩刑。亦具上之。恐獄官有所隱沒。故戒之。○傳當憐至之道○正義曰。論語云。陽膚爲士師。曾子戒之云。如得其情。則哀矜而勿喜。是斷獄者。於斷之時。當憐下民之犯法也。死者不可復生。斷者不可復續。當須敬慎斷獄之害人。勿得輕耳卽決之。五刑之屬三千。皆著在刑書。使斷獄者依案用之。宜令斷獄諸官。明開刑書。相與占之。使刑書當其罪。令人之所犯。不必當條。須探測刑書之意。比附以斷其罪。若卜筮之占然。故稱占也。皆庶幾必得中正之道。令獄官同心思使中也。此言明啓刑書。而左傳云。昔先王議事以制。不爲刑辟者。彼鑄刑書以宣示百姓。故云。臨事時宜。不須明刑辟。人有犯罪原其情之善惡斷定其輕重乃於刑書比附而罪之故彼此各據其一義不相違也○傳斷獄至文辭○正義曰孚信也輸寫也下而爲汝也斷獄成辭而得信實當輸寫汝之信實以告於王勿藏隱其情不告王也曲必隱情直則無隱令其不隱情者欲使之無阿曲也漢世問罪謂之鞫斷獄謂之劾謂上其鞫劾文辭也○傳其斷至上之○正義曰其斷刑文書上王府皆當備具若今曹司寫案申尚書省也有幷兩刑謂人犯兩事刑有上下雖罪從重斷有兩刑者亦幷具上之使王知其事王或時以下刑爲重改下之上故幷亦上之

王曰嗚呼敬之哉官伯族姓朕言多懼

傳敬之哉告使敬刑官長諸侯族同族姓異姓也我言多可戒懼以儆之○儆音景

朕敬于刑有德惟刑

傳我敬於刑當使有德者惟典刑

今天相民作配在下明清

于單辭。傳今天治民。人君爲配天在下。當承天意聽訟。當清審單辭。單辭特難聽。故言之。○相。如字。馬息亮反。助也。民之亂罔不中聽獄之兩辭。傳民之所以治。由典獄之無不以中正聽獄之兩辭。兩辭棄虛從實。刑獄清。則民治。○治。直吏反。無或私家于獄之兩辭。傳典獄無敢有受貨聽詐。成私家於獄之兩辭。獄貨非寶。惟府辜功。報以庶尤。傳受獄貨非家寶也。惟聚罪之事。其報則以衆人見罪。永畏惟罰。非天不中。惟人在命。傳當長畏懼惟爲天所罰。非天道不中。惟人在教命使不中。

不中則天罰之。

天罰不極，庶民罔有令政在于天下。

傳 天道罰不中。令衆民無有善政在於天下。由人主不中。將亦罰之。○令，力呈反。

疏 王曰至天下○正義曰：王歎而呼諸侯曰：嗚呼。刑罰事重。汝當敬之哉。謂諸侯官之長。此同族異姓等。我言多可戒懼。我敬於刑。當刑命有德者。惟典刑事。今上天治民。命人君爲天子。配天在於下。承天之意。爲事甚重。其聽獄訟。當明白清審於獄之單辭。民之所以治者。由獄官無有不用中正聽訟之兩辭。由以中正之故。下民得治。汝獄官無有敢受貨賂。成私家於獄之兩辭。勿於獄之兩家。受貨致富。治獄受貨。非家寶也。惟是聚罪之事。言汝身多違。則不達虛言。戒行急惡。疏非虛論矣。多聚罪。則天報汝。以衆人見被尤怨而罰責之。汝當長畏惟天所罰。天罰汝者。非是天道不中。惟人在於自作教命使不中。爾教命不中。則天罰汝天道罰不中也。若令衆民無有善政在於天下則是人主不中。天亦將罰人主。諸侯爲民之主。故以天罰懼之。○傳敬之至儆之。○正義曰。此篇主多戒諸侯百官之長。故知官長即諸侯也。襄十二年左傳哭諸侯之例云。異姓臨於外。同族於禰廟。是相對則族爲同姓。姓爲異姓也。告之以我言多可戒懼者以儆戒之也。下言民無善政。則天罰人主。是儆戒諸侯也。○傳我敬至典刑。○正義曰。當使有德者惟典刑。言將選有德之人使爲刑官。刑官不用無德之人也。○傳今天至言之。○正義曰。傳以相爲治。今天治民者。天有意治民。而天不自治。使人治之。人君爲配天在下。當承天意治民。治之當使稱天心也。欲稱天心。聽獄當清審單辭。單辭謂一人獨言。未有與對之人。訟者多直己以曲彼。搆辭以誣人。單辭特難聽。故言之也。孔子美子路云。片言可以折獄者。其由也與。片言。即單辭也。子路行直。聞於天下。不肯自道己長。妄稱彼短。得其單辭。即可以斷獄者。惟子路爾。凡人少能然。故難聽也。○傳民之至民治。○正義曰。獄之兩辭。謂兩人競理。一虛一實。實者枉屈。虛者得理。則此民之所以不得治也。民之所以得治者。由典獄之官。其無不以有中正之心聽獄之兩辭。棄虚從實。實者得理。虚者受刑。虚者不敢更訟。則刑獄清而民治矣。孔子稱必也使無訟乎。謂此也。○傳典獄至兩辭○正義曰。典獄知其虚。受其貨而聽其詐。詐者虚而得理。獄官致富成私家。此民之所以亂也。故戒諸侯無使獄官成私家於獄之兩辭。○傳受獄至見罪○正義曰。府。聚也。功。事也。受獄貨非是家之寶也。惟最聚近罪之事。爾罪多。必有惡報。其報則以衆人見罪也。衆人見罪者多。天必報以禍罰。故下句戒令畏天罰之。○傳當長至罰之○正義曰。衆人見罪者多。天必報以禍罰。汝諸侯等當長畏懼爲天所罰。天之罰人。非天道不得其中。惟人在其教命自使不中。教命不中。則天罰之。諸侯一國之君。施教命於民者也。故戒以施教命中否也。○傳天道至罰之○正義曰。天道下罰。罰不中者。令使衆民無有善政在於天下。由人主不中。爲人主不中。故無善政。天將亦罰人主。人主。謂諸侯。此言戒諸侯也。王曰。嗚呼。嗣孫。今往何監。非德于民之中。尚明聽之哉。傳嗣孫。諸侯嗣世子孫。非一世。自今已往。當何監視。非當立德於民爲之中正乎。庶幾明聽我言而行之哉。哲人惟刑。無疆之辭。屬于五極。咸中有慶。傳言智人惟用刑。乃有無窮之善辭。名聞於後世。以其折獄屬五常之中正。皆中有善。所以然也。○屬音燭。受王嘉師。監于茲祥刑。傳有邦有土。受王之善衆而治之者。視於此善刑。欲其勤而法之。爲無疆之辭。疏王曰至祥刑。○正義曰。戒之既終。王又言而歎曰。嗚呼。汝諸侯嗣世子孫等。從自今已往。當何所監視。非當視立德於民而爲之中正乎。言諸侯弁嗣世。惟當視此立德於民爲之中正之事。汝必視此。庶幾明聽我言而行之哉。有智之人惟能用刑。乃有無疆境之善辭。得有無疆善辭者。以其折獄能屬於五常之中正。皆中其理而法有善政故也。汝有邦有土之君。受王之善衆而治之。當視於此善刑。從上已來。舉善刑以告之。欲其勤而法之。使有無窮之美譽。

○傳言智至以然○正義曰。屬。謂屬著也。極。中也。慶。善也。五常。謂仁義禮智信。人所常行之道也。言得有善辭。名聞於後世者。以其斷獄能屬著於五常之中正。皆得其理而法之。有善。所以得然也。知五是五常者。以人所常行。惟有五事。知是五常也。

尚書註疏卷第十九

尚書注疏彙校卷十九

康王之誥第二十五

一葉五行經　**康王之誥第二十五**　「二十」，石作「廿」。

一葉七行注　**主天子之正號。**　「主」，十作「土」。○山井鼎《考文》：天子之正號。〔古本〕「正」作「政」。○盧文弨《拾補》：主天子之正號。古本「正」作「政」。○阮元《校記甲》：主天子之正號。「正」，古本作「政」。阮元《校記乙》同。

一葉七行釋文　**馬本此句上。**　纂「馬本此句上」五字作孔傳，「馬」上有「康王既尸天子」六字。

一葉八行注　**羣臣陳戒。**　○阮元《校記甲》：羣臣陳戒。「陳」，纂傳作「進」。阮元《校記乙》同。

一葉九行注　**遂報誥之。**　「報誥」，纂作「誥報」。

一葉十行疏　**康王既至之誥。**　「王」下單、八無「既至」二字，平無「既」字。疏文「康王既至之誥○正義曰」至「失其義也」殿在「作康王之誥」節經傳下。○浦鏜《正字》：康王之誥下疏。當在上序下。○盧文弨《拾補》：康王既至之誥。此段當在上序傳。

一葉十一行疏　羣臣進戒於王。「於」，庫作「于」。「王」上單有一字空白。

一葉十二行疏　伏生以此篇合於顧命。「於」，庫作「于」。

一葉十三行疏　王若曰已下。「已」，單、八作「以」。

一葉十五行經　太保率西方諸侯。入應門左。畢公率東方諸侯。入應門右。「東」，要作「西」。「右」，王作「内」。○山井鼎《考文》：「太保率」，「畢公率」，〔古本〕「率」作「帥」。○盧文弨《拾補》：太保率西方諸侯。古本「率」作「帥」，下同。○阮元《校記甲》：太保率西方諸侯。「率」，古本作「帥」，下同。阮元《校記乙》同。

一葉十六行注　各率其所掌諸侯。○山井鼎《考文》：各率其所掌諸侯。〔古本〕「掌」下有「之」字。○盧文弨《拾補》：各率其所掌之諸侯。毛本脱「之」字，古本有。○阮元《校記甲》：各率其所掌諸侯。「掌」下古本有「之」字。○《定本校記》：各率其所掌諸侯。「掌」下内野本、足利本、觀智院本有「之」字。

一葉十八行釋文　乘。音繩證反。「繩」上王、纂、平、殿、庫無「音」字。

一葉十八行釋文　鬣。力輒反。○阮元《校記甲》：鬣，力輒反。「反」誤作「又」。十行本、毛本俱不誤。

二葉二行注　爲蕃衛。　「衛」，李作「衞」。

二葉二行注　遂因見新王。　「新」，要作「親」。○山井鼎《考文》：因見新王。〔古本〕下有「也」字。下注「順其戒而告之」下同。

二葉四行經　答拜。　「答」，石、八、王、纂、平、岳、永、阮作「荅」。

二葉五行注　盡禮也。　「盡」，王作「尽」。

二葉五行注　答其拜。　「答」，八、王、纂、平、岳、十、永、阮作「荅」。

二葉六行釋文　盡。子忍反。　「子」，阮作「予」。○張鈞衡《校記》：盡，子忍反。阮本「子」作「予」，誤。

二葉六行疏　王出至答拜。　「答」，單、八、平、十、永、阮作「荅」。

二葉八行疏　諸侯皆布陳一乘四匹之黄馬朱鬣。　「一」，平作「二」。

二葉八行疏　「諸侯爲王之賔」至「皆是土地所有故云」。　「諸侯」下「爲王之賔」至「皆是土地所有故」，永爲第二葉，全缺。

二葉九行疏　敢執土壤所有。　「土壤」，庫作「壤土」。

二葉十行疏　答諸侯之拜。　「答」，單、八、平、十、阮作「荅」。

二葉十一行疏　王即答拜。「答」，單、八、平、十、阮作「荅」。

二葉十四行疏　若使東伯任重。○阮元《校記甲》：若使東伯任重。「伯」，纂傳作「方」。阮元《校記乙》同。

三葉一行疏　壁以帛。「壁」，十作「璧」。

三葉二行疏　此六物者。以和諸侯之好。○浦鏜《正字》：此六物者，以和諸侯之好故。脱「故」字。○盧文弨《拾補》：此六物者，以和諸侯之好。浦云：「好」下脱「故」字。

三葉四行疏　圭是致馬之物。「致」，單、八、平、十、阮作「文」。○山井鼎《考文》：圭是致馬之物。〔宋板〕「致」作「文」。下「致命」同。○殿本《考證》：圭是致馬之物。臣召南按：「致馬」，舊本作「文馬」，非也。據覲禮賈疏「皆以璧帛致之」，監本作「致」字，是。○阮元《校記甲》：圭是致馬之物。「致」，宋板、十行、纂傳俱作「文」。下「致命」同。齊召南云：舊本作「文馬」，非也。據覲禮賈疏「皆以璧帛致之」，監本作「致」字，是。○阮元《校記乙》：圭是文馬之物。宋板、纂傳同。齊召南云：舊本作「文馬」，非也。據覲禮賈疏「皆以璧帛致之」，監本作「致」字，是。下「文命」同。○《定本校記》：圭是文馬之物。「文」，監本改作「致」。

三葉五行疏　獨取此物以摠表諸侯之意。　「摠」，殿、庫作「總」。

三葉六行疏　圭奉以致命。　「致」，單、八、平、十、阮作「文」。○《定本校記》：圭奉以文命。「文」，監本改作「致」。

三葉六行疏　案覲禮。諸侯享天子。馬卓上。九馬隨之。　「卓」，毛作「阜」。○殿本《考證》：按覲禮。諸侯享天子。馬卓上。九馬隨之。臣召南按：覲禮：奉束帛匹馬卓上，九馬隨之。鄭康成注：「卓，讀如卓，王孫之卓。卓猶的也，以素的一馬以爲上，書其國名，後當識其何産也。馬必十匹者，不敢斥王之乘，用成數，敬也。」此疏「馬卓」上當有「匹」字，而「卓」字訛「阜」，則刊本之誤也。今改正。○浦鏜《正字》：匹馬卓上，九馬隨之。脱「匹」字。「卓」，毛本誤「阜」。注云：「卓猶的也，以素的一馬以爲上。」○盧文弨《拾補》：匹馬卓上，九馬隨之。毛本脱「匹」字。「卓」，毛作「阜」，官本作「卓」。當作「卓」。浦云覲禮「匹馬卓上」注云：「卓猶的也，以素的一馬以爲上。」此脱「匹」字，當補。○阮元《校記甲》：馬阜上。「阜」，十行、閩、監、纂傳俱作「卓」。按：「阜」字誤。覲禮作「匹馬卓上」。○阮元《校記乙》：馬卓上。閩本、明監本、纂傳同。毛本「卓」作「阜」。按：「阜」字誤。覲禮作「匹馬卓上」。

三葉九行疏　皆爲天子蕃衛。故曰臣衛。　○浦鏜《正字》：皆爲天子蕃衛，故曰臣衛。「曰」，監本誤「白」。

三葉十一行疏　敢執壤地所出而奠贄也。　「奠」，阮作「莫」。○劉承幹《校記》：而奠贄也。阮本「奠」作「莫」，誤。○張鈞衡《校記》：敢執壤地所出而奠贄也。阮本「奠」作「莫」，誤。○《定本校記》：敢執壤地所出而奠贄。「贄」下各本有「也」字，與疏標題不合，今删。

三葉十二行疏　其朝則侯氏摠入。　「侯」，永作「矦」。「摠」，殿、庫作「總」。

三葉十二行疏　此既諸侯摠入而得有庭實享禮者。　「摠」，殿、庫作「總」。

三葉十三行疏　因行享禮。　「因」，殿作「囙」。

三葉十三行疏　正義曰。周禮大祝辯九拜。　「大」，單、八、平、要、十、永、閩、庫、阮作「太」。「祝」，阮作「祝」。「辯」，單、八、平、要、十、永、庫、阮作「辨」。

三葉十四行疏　史言王答拜之意也。　「言」，單、八、要作「原」。「答」，單、八、平、十、永、阮作「荅」。○山井鼎《考文》：史言王答拜之意也。〔宋板〕「言」作「原」。○盧文弨《拾補》：義嗣德三字，史原王荅拜之意也。毛本「原」作「言」。「言」當作「原」。○阮元《校記甲》：史言王荅拜之意也。「言」，宋板作「原」。按：纂傳已作「言」。阮元《校記乙》同。

三葉十五行疏　故答其拜。　「答」，單、八、平、永、阮作「荅」。

三葉十五行疏　自許與諸侯爲主也。　「主」，平、十、永、阮作「王」。○阮元《校記甲》：自許與諸侯爲主也。「主」，十行、纂傳俱作「王」。○阮元《校記乙》：自許與諸侯爲王也。纂傳同。毛本「王」作「主」。

三葉十六行經　皆再拜稽首。　○山井鼎《考文》：皆再拜稽首。〔古本〕「皆」作「並」。○盧文弨《拾補》：咸進相揖，皆再拜稽首。古本「皆」作「竝」。○阮元《校記甲》：皆再拜稽首。「皆」，古本作「並」。阮元《校記乙》同。○《定本校記》：皆再拜稽首。「皆」，内野本、足利本、觀智院本作「並」，清原宣賢手鈔本引家本亦然。

三葉十七行注　皆共羣臣諸侯並進陳戒。　「並」下要無「進」字。

四葉一行經　誕受羑若。　克恤西土。　○山井鼎《考文》：誕受羑若，克恤西土。〔古本〕「受」下有「厥」字。○盧文弨《拾補》：誕受羑若。古本「受」下有「厥」字。○阮元《校記甲》：誕受羑若。「受」下古本有「厥」字。阮元《校記乙》同。○《定本校記》：誕受羑若。「羑」上内野本、足利本有「厥」字。

四葉二行注　能憂我西土之民。　「土」，十作「上」。

四葉二行釋文　**羑。羊久反。**　「久」，纂、殿、庫作「九」。

四葉四行注　**當盡和天下賞罰。**　「天」上要無「和」字。

四葉五行注　**用布遺後人之美。**　「美」，要作「羙」。

四葉五行釋文　**施。以豉反。**　「豉」，王、纂、平、阮作「豉」。

四葉六行注　**務崇先人之美。**　○阮元《校記甲》：務崇先人之美。「美」，纂傳作「業」。阮元《校記乙》同。

四葉八行釋文　**壞。音怪。**　「壞」上平有「無」字。「怪」，纂作「恠」。

四葉十三行疏　**太保揖羣臣。**　「太」，阮作「大」。

四葉十四行疏　**動足然後相揖。**　「揖」，十作「楫」。

四葉十五行疏　**文王所憂。**　「王」，單、八、平、要、十、永、閩、阮作「武」。○物觀《補遺》：文王所憂。〔宋板〕「王」作「武」。○盧文弨《拾補》：文武所憂，非憂西土而已。毛本「武」作「王」。「王」當作「武」。○阮元《校記甲》：文王所憂。「王」，宋板、十行、閩本俱作「武」。○阮元《校記乙》：文武所憂。宋板、閩本同。毛本「武」作「王」。

四葉十五行疏　**特言能憂西土之民。**　「土」上要無「西」字。

四葉十八行釋文　馬本從此以下爲康王之誥。「馬」上平、殿、庫有「甸男衛」三字。「以」，平作「已」。

四葉十八行釋文　又云與顧命差異。「云」，纂作「天」。

五葉一行釋文　敘歐陽大小夏侯同爲顧命。「歐」，平作「毆」。

五葉一行經　昔君文武。○山井鼎《考文》：昔君文、武，丕平富。〔古本〕「昔」作「其」。

五葉三行注　不務咎惡。○山井鼎《考文》：不務咎惡。〔古本〕下有「人」字。○盧文弨《拾補》：不務咎惡。古本「惡」下有「人」字。○阮元《校記甲》：不務咎惡。古本下有「人」字。○《定本校記》：不務咎惡。「惡」下内野本、足利本、觀智院本有「人」字，清原宣賢手鈔本引家本亦有。

五葉三行經　底至齊信。「底」，十、永、閩作「厎」。

五葉三行釋文　馬讀絶句。「馬讀絶句」四字釋文纂在「之履反」下，作「至齊，馬讀絶句」。○阮元《校記甲》：底，之履反。至齊信。馬讀底，至齊絶句。末七字，十行本、毛本俱無「底至齊」三字，直云「馬讀絶句」，隸經文「齊」字下。又以「底，之履反」四字退居本節傳下，竝誤。

五葉四行注　言聖德洽。「洽」，十、永、阮作「治」。○阮元《校記甲》：言聖德洽。「洽」，十行本誤作「治」。○阮元《校記乙》：言聖德治。毛本「治」作「洽」。案：「治」字誤。

五葉四行釋文　厎。之履反。　「厎」，十、永、閩作「底」。

五葉五行經　不二心之臣。　○山井鼎《考文》：不二心之臣。〔古本〕「不」作「弗」。

五葉七行釋文　熊。音雄。　「熊，音雄」，王無此三字釋文。

五葉七行經　用端命于上帝。　○阮元《校記甲》：用端命于上帝。「于」，石經補缺誤作「予」。阮元《校記乙》同。

五葉八行注　用受端直之命於上天。　「端直」，毛作「直端」。「於」，庫作「于」。○山井鼎《考文》：直端之命。諸本「直端」作「端直」。○浦鏜《正字》：用受端直之命於上天。「端直」字，毛本誤倒。○盧文弨《拾補》：用受端直之命於上天。毛本「端直」二字誤倒。○阮元《校記甲》：用受直端之命於上天。山井鼎曰：諸本「直端」作「端直」。按：岳、葛、十行、閩本、續通解、纂傳亦俱作「端直」，與疏合。

五葉八行注　大天用順其道。　「天」，王作「夫」。

五葉九行注　付與四方之國王天下。　○山井鼎《考文》：王天下。〔古本〕下有「也」字。

五葉九行釋文　畀。必利反。　「反」，平作「又」。

五葉九行釋文　王于況反。　「王」下平有「天上」二字。

五葉十行經　乃命建侯樹屏。「樹」，李作「樹」。○山井鼎《考文》：乃命建侯樹屏。〔古本〕「侯」上有「諸」字。○盧文弨《拾補》：乃命建侯樹屏。古本「建」下有「諸」字。○阮元《校記甲》：乃命建侯樹屏。「侯」上古本有「諸」字。阮元《校記乙》同。○《定本校記》：乃命建侯樹屏。「侯」上内野本、足利本、觀智院本有「諸」字，清原宣賢手鈔本引家本亦有。

五葉十行注　言文武乃施政令。「乃」，八作「仍」。

五葉十一行注　樹以爲藩屏。「藩」，八、平、岳、阮作「蕃」，李、王、纂、十、永作「蕃」。○阮元《校記甲》：樹以爲藩屏。「藩」，岳本、十行、纂傳俱作「蕃」。十行本疏同。○阮元《校記乙》：樹以爲蕃屏。岳本、纂傳同。毛本「蕃」作「藩」，疏同。

五葉十一行注　傳王業在我後之人。「王」，平作「三」。

五葉十一行注　謂子孫。「孫」下殿有釋文「傳，直專反」四字。○物觀《補遺》：補脱傳，直專反〔據經典釋文〕。

五葉十四行注　安汝先公之臣服於先王而法循之。「於」，庫作「于」。○物觀《補遺》：先公之臣服於先王而法循之。古本「公」作「君」，「循」作「修」。○阮元《校記甲》：安汝先公之臣服於先王而法循之。古本「公」作「君」，「循」作「修」。阮元《校記乙》同。

五葉十五行注　言雖汝身在外之爲諸侯。　「之」，八、平、岳、殿、庫作「土」，纂作「士」。○山井鼎《考文》：言雖汝身在外之爲諸侯。〔古本〕「之」作「土」，宋板同。○盧文弨《拾補》：言雖汝身在外土爲諸侯。毛本「土」作「之」。「之」當作「土」。○阮元《校記甲》：言雖汝身在外之爲諸侯。「之」，古、岳、宋板、纂傳俱作「土」，與疏合。○阮元《校記乙》：言雖汝身在外之爲諸侯。古本、岳本、宋板、纂傳「之」作「土」，與疏合。

五葉十六行注　熊羆之士勵朝臣。　「臣」，王作「言」。

五葉十七行釋文　督。丁木反。　王、纂無「督，丁木反」四字釋文。○阮元《校記甲》：「督」，葉本作「督」。

六葉一行釋文　鞠。居六反。　王無「鞠，居六反」四字釋文。「居六反」，纂作「音菊」。

六葉二行疏　惟我一人釗報誥卿士羣公。　「卿」，八作「卿」。

六葉三行疏　政化平美。　「美」，要作「美」。

六葉三行疏　專以美道教化。　「美」，要作「美」。

六葉三行疏　用是顯明於天下。　「於」，庫作「于」。

六葉五行疏　用能受端直之命於上天。　「於」，庫作「于」。

六葉五行疏　付與四方之國。　「國」，要作「道」。

六葉五行疏　使文武此諸國王有天下。　「此」，要作「命」。

六葉六行疏　乃施政令。　「令」，單、八作「命」。○物觀《補遺》：乃施政令。〔宋板〕「令」作「命」。○盧文弨《拾補》：乃施政令封立賢臣。宋本「令」作「命」。○阮元《校記甲》：乃施政令。「令」，宋板作「命」。

六葉六行疏　樹之以爲藩屏。　「藩」，單、八、十、阮作「蕃」，平作「番」。

六葉六行疏　令屏衛在我後之人。　「令」，閩作「今」。

六葉七行疏　庶幾相與顧念文武之道。　「道」，庫作「事」。

六葉八行疏　雖汝身在外土爲國君。　「土」，永作「士」。

六葉十行疏　順其至見内。　「内」，八作「有」。○《定本校記》：傳順其至見内。「内」，〔足利〕八行本誤作「有」。

六葉十行疏　上文太保芮伯進言不言諸侯。　「太」，毛、殿作「大」。

六葉十二行疏　甸侯衛。駿奔走。　○阮元《校記甲》：甸侯衛，駿奔走。「甸侯」二字纂傳誤倒。

六葉十二行疏　予一人釗○正義曰。禮天子自稱予一人。不言名此王自稱名者。新即王位。

謙也。　「禮天子」上「予一人釗〇正義曰」，殿、庫作「予一人釗者」。殿、庫「予一人釗者」至「謙也」移至前疏「戒令臣弼巳也」後。

六葉十三行疏　不務咎惡於人。　「於」，庫作「于」。

六葉十四行疏　不用刑罰之。　「罰」下單、八無「之」字。〇山井鼎《考文》：不用刑罰之。〔宋板〕無「之」字。〇盧文弨《拾補》：言哀矜下民，不用刑罰。毛本「罰」下有「之」字，宋本無，衍。〇阮元《校記甲》：不用刑罰之。宋板無「之」字。

六葉十四行疏　致行至德洽。　「洽」，平、永作「治」。〇張鈞衡《校記》：傳致行至德洽。阮本「洽」作「治」，誤。

六葉十六行疏　與同姓大國言之也。　「與」，單、八、平、要、十、永、阮作「舉」。〇山井鼎《考文》：與同姓大國言之也。〔宋板〕「與」作「舉」。〇盧文弨《拾補》：獨云伯父，舉同姓大國言之也。毛本「舉」作「與」。「與」當作「舉」。〇阮元《校記甲》：與同姓大國言之也。「與」，宋板、十行、纂傳俱作「舉」。按：「與」字非也。

六葉十七行疏　以臣道服於先王。　「臣」，要作「成」。

六葉十八行疏　並誥羣臣諸侯。　「誥」，單、八作「告」。

六葉十八行疏　**言先王有熊羆之士。**「士」，八作「上」。

七葉一行疏　**此言汝身在外土。**「土」，永作「士」。

七葉三行釋文　**去，羌呂反。**「去」上平有「脱」字。

七葉四行疏　**摠謂朝臣與諸侯也。**「摠」，要、毛、殿、庫作「總」。

畢命第二十六

七葉六行經　**畢命第二十六**　「二十」，石作「廿」。

七葉八行經　**康王命作册畢。**○殿本《考證》：康王命作册畢。王應麟曰：史記周本紀「康王命作策畢公，分居里，成周郊」。書序缺「公」字。○岳本《考證》：康王命作册畢。案：史記周本紀「册」作「策」。「畢」字下有「公」字。

七葉八行注　**命爲册書以命畢公。**「以命」，八、要作「以爲」。○物觀《補遺》：以命畢公。〔宋板〕「命」作「爲」。○阮元《校記甲》：以命畢公。「命」，宋板作「爲」。○《定本校記》：以命畢公。「命」，〔足利〕八行本誤作「爲」。

七葉九行注　**成定東周郊境。**○山井鼎《考文》：成定東周郊境。〔古本〕「周」下有「之」

字。○阮元《校記甲》：成定東周郊境。「周」下古本有「之」字。按：史記集解亦無「之」字。○《定本校記》：成定東周郊境。「周」下内野本、足利本有「之」字，清原宣賢手鈔本引家本亦有。

七葉十一行疏　「康王至畢命○正義曰。康王命史官」至「是其使有保護」。　○浦鏜《正字》：「畢命」下疏，當在上序下。○盧文弨《拾補》：康王至畢命。此段當在上序之下。○疏文「康王至畢命○正義曰：康王命史官」至「是其使有保護」，定本移至上序文「作畢命」下。《定本校記》：畢命。此經傳〔足利〕八行本在「作畢命」下，今從殿本、浦氏。

七葉十一行疏　正△義曰。　「義」上平無「正」字。

七葉十二行疏　令△善惡有異於成周之邑。　「令」，單作「令」。

七葉十三行疏　正△義曰。　「義」上平無「正」字。

七葉十三行疏　凡命諸侯△及孤△卿大夫。　「侯」，十作「矦」。「孤」，八作「抓」。

七葉十三行疏　則△策命之。　○阮元《校記甲》：則策命之。「則」，纂傳作「皆」。

七葉十六行疏　表厥△宅里。　「厥」，永作「厥」。

七葉十六行疏　殊厥井疆△。　「疆」，庫作「疆」。

七葉十六行疏　俾克畏慕。「俾」，單、八作「伻」。

七葉十八行疏　即經申畫郊圻。「申」，八作「中」。「圻」，十作「折」。○物觀《補遺》：即經申畫郊圻。宋板「申」作「中」。○阮元《校記甲》：即經申畫郊圻。「申」，宋板作「中」，誤。○《定本校記》：即經申畫郊圻。「申」，〔足利〕八行本誤作「中」。

八葉三行注　至于豐。「于」，要作「於」。○山井鼎《考文》：至于豐。〔古本〕下有「也」字。下註「歎告畢公」下同。

八葉四行釋文　朝。直遥反。鎬。户老反。「朝」上平有「王」字。「直」，纂、平作「涉」。○物觀《補遺》：朝，直遥反。〔經典釋文〕「直」作「陟」。○浦鏜《正字》：朝，陟遥切。鎬，户老切。「陟」誤「直」。「户」誤「尸」。○阮元《校記甲》：王朝，陟遥反。「陟」，十行本、毛本作「直」。案：「直遥」則讀如潮汐之潮。「陟遥」則讀如朝鮮之朝。傳云「王朝行」，不當作「直遥反」。

八葉五行注　命畢公使安理治正成周東郊。○阮元《校記甲》：使安理治正成周東郊。陸氏曰：治，直吏反，一本作「治政」，則依字讀。

八葉六行注　令得所。「令」，要作「外」。○《定本校記》：令得所。「所」上岩崎本有「其」字。

八葉六行釋文　治直吏反。　「治」下纂、平有「正上」二字。

八葉六行釋文　則依字讀。　「依」，殿作「狖」。

八葉六行釋文　令力呈反。　「令」下平有「得上」二字。

八葉七行疏　正義曰。　「義」上平無「正」字。

八葉七行疏　於朏後三日壬申。　「於」，庫作「于」。

八葉八行疏　王早朝行從宗周鎬京至於豐邑。　「於」，永、庫作「于」。

八葉八行疏　令得其所。　「令」，單作「今」。

八葉九行疏　正義曰。　「義」上平無「正」字。

八葉九行疏　漢書律歷志云。　「歷」，單、八、十、永、閩作「曆」，阮作「厤」。

八葉十行疏　王命作策書豐刑。　「策」，平作「册」，十作「筞」。○浦鏜《正字》：王命作策書豐刑。「書」衍字。○盧文弨《拾補》：王命作策書豐刑。浦疑「書」字衍。

八葉十行疏　得其年月。不得以下之辭。　○浦鏜《正字》：得其年月，而不得以下之辭。脱「而」字。

八葉十一行疏　亦不知豐刑之言何所道也。　「豐」下要無「刑」字。

八葉十一行疏　今其逸篇。有册命霍侯之事不同。與此序相應。非也。　○浦鏜《正字》：今其逸篇云云，與此不應，非也。「不」誤「序相」二字，從埤傳挍。○盧文弨《拾補》：今其逸篇，有册命霍侯之事，不與此序相應，非也。毛本「不」下衍「同」字。○阮元《校記甲》：今其逸篇，有册命霍侯之事不同，與此序相應，非也。「與此序相應」，浦鏜從埤傳作「與此不應」。按：「不同」謂異於豐刑也。漢志豐刑本異於序。逸篇「册命霍侯」又與漢志不同，亦不與序相應，故知其非也。「與」字上宜更有「不」字。或衍「同」字，亦通。埤傳似不可從。阮元《校記乙》同。

八葉十二行疏　又似異於豐刑。　「於」，庫作「于」。

八葉十五行注　歎告畢公代周公爲大師。　「大」，平、要、永、閩、庫作「太」。○阮元《校記甲》：代周公爲大師。「大」，閩、葛俱作「太」。按：釋文云：大師，上音泰。

八葉十六行注　言文武布大德於天下。　「於」，庫作「于」。

八葉十六行注　故天佑之。　「佑」，平作「佐」，要作「祐」。

八葉十六行注　用能受殷王之命。　「王之」，八、李、纂、平、要、岳作「之王」。○山井鼎《考文》：受殷王之命。〔古本〕作「受殷之王命」，宋板同。○岳本《考證》：用能受殷之王命。殿本、閣本「王」字在「之」字上。○盧文弨《拾補》：用能受殷之王命。毛本「之王」倒作「王之」，從古本、宋本乙。○阮元《校記甲》：用能受殷王之命。「王之」二字古、岳、宋板、纂傳俱倒，與疏標目合。○阮元《校記乙》：用能受殷王之命。岳本、宋板、纂傳「王之」二字倒，與疏標目合。

八葉十六行釋文　大音泰。　「大」下纂有「師」字，平有「師上」二字。

八葉十七行注　言周公助先王安定其家。　「助」，李作「肋」。

八葉十八行注　惟殷頑民。　「惟」，八、李、王、平、要、岳、永作「慎」，纂作「毖」。○山井鼎《考文》：惟殷頑民。〔古本〕「惟」作「慎」，宋板同。○岳本《考證》：慎殷頑民。案：「慎」字正釋「毖」字義。孔疏云：「慎彼殷之頑民。」諸本作「惟」字，非。○盧文弨《拾補》：慎殷頑民。毛本「慎」作「惟」。「惟」當作「慎」。○阮元《校記甲》：惟殷頑民。「惟」，古、岳、宋板、纂傳俱作「慎」，是也。岳本《考證》云：「慎」字正釋「毖」字義。孔疏云：「慎彼殷之頑民。」諸本作「惟」字，非。○阮元《校記乙》：惟殷頑民。古本、岳本、宋板、纂傳「惟」作「慎」，是也。岳本考正（證）云：「慎」字正釋「毖」字義。孔疏云：「慎彼殷之頑民。」諸本作「惟」字，非。○张鈞衡《校記》：慎殷頑民。阮本「慎」作「惟」，誤。「慎」字正釋「毖」字。

九葉一行注　故徙於洛邑。　「於」，庫作「于」。

九葉一行釋文　毖。音祕。近。如字。　「祕」，阮作「祕」。「近」上平有「密」字。

九葉二行經　既歷三紀。　「紀」，毛作「紀」。○盧文弨《拾補》：既歷三紀。毛本「紀」從巳作「紀」，譌。

九葉二行經　四方無虞。　○山井鼎《考文》：四方無虞。〔古本〕「無」作「亡」。「無窮之基」、「無窮之聞」同。

九葉三行注　世代民易。　○山井鼎《考文》：世代民易。〔古本〕「民」作「人」。○盧文弨《拾補》：世代民易。古本「民」作「人」。○《定本校記》：世代民易。「民」，岩崎本、内野本、足利本作「人」。○阮元《校記甲》：世代民易。「民」，古本作「人」。

九葉四行注　四方無可度之事。　「無」，王作「无」。

九葉五行釋文　度。待洛反。　「待」，平作「徒」。

九葉八行注　則民無所勸慕。　○物觀《補遺》：民無所勸慕。〔古本〕「民」下有「亦」字。○阮元《校記甲》：則民無所勸慕。「民」下古本有「亦」字。○《定本校記》：則民無所勸慕。「民」下内野本、足利本有「亦」字。

九葉八行釋文　上。時掌反。　「上」上平有「有」字。

九葉八行釋文　更。古衡反。　「衡」，纂、平作「行」。○阮元《校記甲》：更，古衡反。「衡」，葉本作「行」。

九葉九行經　罔不祇師言。　○山井鼎《考文》：罔不祇師言。〔古本〕「不」作「弗」，下文皆同。

九葉十一行注　下人無不敬仰師法。　○山井鼎《考文》：敬仰師法。〔古本〕下有「之」字。○盧文弨《拾補》：下人無不敬仰師法。古本「法」下有「之」字。○阮元《校記甲》：下人無不敬仰師法。古本下有「之」字。○《定本校記》：下人無不敬仰師法。内野本無「下」字，清原宣賢手鈔本引家本亦無。

九葉十一行釋文　懋。音茂。　「茂」，平作「茂」。

九葉十三行注　垂拱仰公成理。　○山井鼎《考文》：仰公成理。〔古本〕「理」作「治」。○盧文弨《拾補》：仰公成理。古本「理」作「治」。○阮元《校記甲》：垂拱仰公成理。「理」，古本作「治」。○《定本校記》：垂拱仰公成理。「理」，岩崎本、内野本、足利本作「治」，清原宣賢手鈔本引家本亦然。

九葉十三行注　下施子孫。　「子」，岳作「了」。

九葉十四行疏　正義曰。「義」上平無「正」字。

九葉十四行疏　布大德於天下。「於」，庫作「于」。

九葉十五行疏　故遷於洛邑。「於」，庫作「于」。

九葉十六行疏　令之比近王室。「比」，永、阮作「北」。○阮元《校記甲》：令之比近王室。「比」，十行本誤作「北」。○阮元《校記乙》：令之北近王室。毛本「北」作「比」。案：「北」字誤。

九葉十七行疏　政教有用俗改更之理。「俗」，平作「捨」。

九葉十八行疏　莫先於公。「於」，庫作「于」。

十葉二行疏　傳王順至之命。「之」，單、八、永、阮作「王」。○山井鼎《考文》：王順至之命。宋板「之」作「王」。謹按與註文合。○盧文弨《拾補》：傳王順至王命。毛本下「王」字作「之」。宋本、元本皆作「王」，當從。○阮元《校記甲》：傳王順至之命。「之」，宋板、十行俱作「王」，與注文合。

十葉二行疏　正義曰。「義」上平無「正」字。

十葉二行疏　畢公代周公爲大師。「大」，單、八、平、十、永、閩、庫、阮作「太」。

十葉三行疏　正義曰釋詁云。「義」上平無「正」字。

十葉四行疏　正義曰。周公以攝政七年營成周。成王元年遷殷頑民。「義」上平無「正」字。「營」，閩作「營」。

十葉六行疏　父子易人爲世。「人」，平作「位」。

十葉六行疏　大禹謨云。「云」，平作「曰」。

十葉七行疏　正義曰。天氣下降。「義」上平無「正」字。

十葉八行疏　而有寬猛異焉。「而」下平無「有」字。

十葉十行疏　當以善法御之。「當」下殿、庫無「以」字。

十葉十二行疏　正義曰。小物。「義」上平無「正」字。

十葉十二行疏　能勤小事。「能」，十作「言」。

十葉十二行疏　則大事必能勤矣。○《定本校記》：則大事必能勤矣。「大」，〔足利〕八行本誤作「小」。

十葉十二行疏　釋詁云。亮。佐也。○浦鏜《正字》：釋詁云：亮，佐也。案：爾雅無文。○盧文弨《拾補》：釋詁云：亮，佐也。浦云：爾雅無文。

十葉十三行疏　晉語説文王之事云。　「語説」，要作「説語」。

十葉十三行疏　則畢公於文王之世。　「於」，庫作「于」。

十葉十三行疏　是輔佐文武成康四世爲公卿也。　「佐」，要作「左」。

十葉十五行疏　正義曰。先王之功。　「義」上平無「正」字。

十葉十六行經　嗚呼。父師。　「嗚」，毛作「鳴」。○浦鏜《正字》：嗚呼，父師。「嗚」，毛本誤「鳴」。下同者不出。

十葉十八行注　不敢枉公往治。　○山井鼎《考文》：不敢枉公。〔古本〕「枉」作「任」。謹按古本後改作「枉」。○阮元《校記甲》：不敢枉公往治。「枉」，古本初作「任」，後改作「枉」。○《定本校記》：不敢枉公往治。「枉」，岩崎本、内野本作「任」，清原宣賢手鈔本引家本亦然。

十葉十八行釋文　治。直吏反。　「反」下殿、庫有「下政治同」四字。

十葉十八行經　彰善癉惡。　○阮元《校記甲》：彰善癉惡。孫志祖云：此「彰」字亦開元中所改也。古「彰」字、「影」字皆作「章」字、「景」字，不加彡。禮記「章義癉惡」可證。阮元《校記乙》同。

十一葉二行釋文　別。音彼列反。癉。音丁但反。　「別」下王、平、殿、庫無「音」字。「癉」下王、纂、平、殿、庫無「音」字。「丁」，王、十、永作「了」。

十一葉五行釋文　乂慈呂反。　「乂」，王、纂、十、永、閩、毛、殿作「又」。「慈」，殿作「兹」。

十一葉七行注　又當謹慎堅固封疆之守備。　「疆」，十作「彊」。

十一葉七行注　京圻安。　「圻」，岳作「畿」。○阮元《校記甲》：京圻安。「圻」，岳本、纂傳俱作「畿」。

十一葉八行經　辭尚體要。　○山井鼎《考文》：辭尚體要。〔古本〕「辭」作「詞」。○盧文弨《拾補》：辭尚體要。古本「辭」作「詞」。○阮元《校記甲》：辭尚體要。「辭」，古本作「詞」。

十一葉九行注　辭以理實爲要。　○阮元《校記甲》：辭以理實爲要。按正義當作「以體」。阮元《校記乙》同。

十一葉十行注　君子所不好。　○《定本校記》：君子所不好。岩崎本、内野本無「所」字，清原宣賢手鈔本引家本亦無。

十一葉十一行注　紂以靡靡利口惟賢。　○山井鼎《考文》：紂以靡靡利口惟賢。〔古本〕「惟」下有「爲」字。○盧文弨《拾補》：紂以靡靡利口爲賢。毛本「爲」作「惟」。古本「惟」

下有「爲」字。今案：「惟」字當删。○阮元《校記甲》：紂以靡靡利口惟賢。古本「惟」下有「爲」字。纂傳有「爲」無「惟」。按：作「爲」是也。若「惟」、「爲」叠見，則「惟」字當在「紂」字下。阮元《校記乙》同。○《定本校記》：紂以靡靡利口惟賢。「惟」，岩崎本、内野本作「爲」，清原宣賢手鈔本引家本亦然。

十一葉十二行注　今殷民利口餘風未絶。「風」，永作「凨」。

十一葉十二行疏　正義曰。「義」上平無「正」字。

十一葉十三行疏　嗚呼。父師。「嗚」，殿作「鳴」。

十一葉十四行疏　揚其善聲。「揚」，平作「楊」。「善」，十作「悪」。「聲」，永作「声」。

十一葉十五行疏　則殊其井田疆界。「疆」，十作「彊」。

十一葉十五行疏　謹慎牢固其封疆守備。「疆」，十作「彊」。

十一葉十六行疏　商之舊俗。「舊」，十、永作「蒫」。

十一葉十七行疏　正義曰。「義」上平無「正」字。

十一葉十八行疏　言當識别頑民之善惡。「識」上要無「言當」二字。

十二葉二行疏　立其善風。「風」，永作「凨」。

十二葉二行疏　令邑里使放傚之。　「邑」，要作「義」。「傚」，平、要作「俲」。

十二葉二行疏　揚其善聲。　「揚」，殿作「楊」。○《薈要》案語：揚其善聲。刊本「揚」訛「楊」，今改。

十二葉二行疏　正義曰。孟子云。　「義」上平無「正」字。

十二葉三行疏　方里爲井。　○阮元《校記甲》：方里爲井。孫志祖云：今孟子作「方里而井」。

十二葉三行疏　然則先王制之爲井田也。　「先」上要無「然則」二字。

十二葉四行疏　其人不可親近。　「可」，要作「同」。

十二葉五行疏　猶今下民有大罪過不肯服者。　「今」，要作「令」。

十二葉五行疏　則擯出族黨之外。　「擯」，十作「殯」。

十二葉七行疏　正義曰。郊圻。　「義」上平無「正」字。

十二葉七行疏　境界雖舊有規畫。　「舊」，永作「蒦」。

十二葉九行疏　又當謹慎牢固封疆之守備。　「牢」下要無「固」字。

十二葉九行疏　牢設守備。　「設」上要無「牢」字。

十二葉十行疏　正義曰。韓宣子稱紂使延作靡靡之樂。「義」上平無「正」字。

十二葉十五行釋文　悖。布內反。○浦鏜《正字》：悖，布內切。案：毛氏居正云：「布」當作「步」。

十二葉十七行注　雖相去萬世。「萬」，王作「万」。

十二葉十七行釋文　敝。步寐反。○浦鏜《正字》：敝，步寐切。案：毛氏居正云：步寱切，作「寐」誤。「寱」音詣，唐文粹元結有寱論。○阮元《校記甲》：敝，步寐反。毛居正曰：敝，步寱反，作「寐」誤。「寱」音詣，唐文粹元結有寱論。按：廣韻敝、寱俱在祭韻，寐在至韻，故毛氏云然耳。

十三葉一行注　服飾過制美於其民。「於」，庫作「于」。○山井鼎《考文》：美於其民。〔古本〕「民」作「人」。○物觀《補遺》：服飾過制。〔古本〕「制」作「度」。○盧文弨《拾補》：服飾過制美於其民。古本「制」作「度」，「民」作「人」。○阮元《校記甲》：服飾過制。「制」，古本作「度」。又：美於其民。「民」，古本、纂傳俱作「人」。○《定本校記》：服飾過制。「制」，岩崎本、內野本、足利本作「度」。又：美於其人。「人」，各本作「民」，今從岩崎本、內野本、足利本。

十三葉一行經　驕淫矜侉。　「矜」，十作「矜」。

十三葉二行注　言殷衆士。　○《定本校記》：言殷衆士。岩崎本、内野本無「衆」字。

十三葉三行注　矜其所能。　「矜」，十作「矜」。

十三葉四行注　心未厭服。　「厭」，八、李、纂、平作「壓」。○山井鼎《考文》：心未厭服。〔古本〕「厭」作「壓」，宋板同。○盧文弨《拾補》：心未壓服。毛本「壓」作「厭」，古本、宋本、元本皆作「壓」，與釋文合。疏同。「厭」當作「壓」。○阮元《校記甲》：心未厭服。「厭」，古、岳、宋板俱作「壓」。按：釋文有「壓」字音。纂傳作「厭」。○阮元《校記乙》：心未厭服。古本、岳本、宋板「厭」作「壓」。按：釋文有「壓」字音。纂傳作「厭」。疏同。

十三葉四行注　以禮閑禦其心惟難。　「難」，纂作「艱」。

十三葉四行釋文　侉。音苦瓜反。　王無「侉，音苦瓜反」五字。「苦」上纂、平、殿、庫無「音」字。「瓜」，纂、永、殿、庫作「爪」。

十三葉五行釋文　厭。於葉反。　「厭」，纂、平、十、阮作「壓」，永作「壓」。

十三葉六行經　不由古訓。　「古」，閩作「右」。

十三葉十一行注　則其德政信修立。　○山井鼎《考文》：則其德政信修立。〔古本〕下有「矣」字。○盧文弨《拾補》：則其德政信修立。古本「立」下有「矣」字。○阮元《校記甲》：則其德政信修立。古本下有「矣」字。

十三葉十一行經　**惟君陳克和厥中。**　「惟」，要作「爲」。

十三葉十一行經　**惟公克成厥終。**　○山井鼎《考文》：惟公克成厥終。〔古本〕「公」上有「畢」字。○阮元《校記甲》：惟公克成厥終。「公」上古本有「畢」字，誤。阮元《校記乙》同。

十三葉十二行注　**能慎其始。**　○山井鼎《考文》：能慎其始。〔古本〕下有「也」字。

十三葉十二行注　**君陳弘周公之訓。**　「弘」，要作「宏」。

十三葉十四行經　**同厎于道。**　「厎」，王、十、永、閩、阮作「底」。

十三葉十五行注　**三君合心爲一。**　「爲」下「一」字十爲空白。

十三葉十五行注　**同致于道。**　○山井鼎《考文》：同致于道。〔古本〕作「同致於大道」。○盧文弨《拾補》：同致于道。古本「于」作「於」，又「于」下有「大」字。○阮元《校記甲》：同致于道。「道」上古本有「大」字。○《定本校記》：同致於道。「道」上岩崎本、內野本、足利本有「大」字，清原宣賢手鈔本引家本亦有。

十三葉十五行注　**政化治理。**　○《定本校記》：政化治理。「治理」二字岩崎本、內野本倒。

十三葉十六行注　**不可不尚。**　○山井鼎《考文》：不可不尚。〔古本〕下有「道」字。○阮元《校記甲》：不可不尚。古本下有「道」字。阮元《校記乙》同。

十三葉十六行釋文　ˇ治。直吏反。「治」上纂、平有「政」字。

十三葉十七行釋文　施。始豉反。「豉」，王、十作「鼓」。○阮元《校記甲》：施，始鋭反。「鋭」，葉本、十行本、毛本俱作「豉」，是也。

十三葉十八行注　言東夷西戎。「戎」，平作「戍」。

十三葉十八行注　無不皆特賴三君之德。「無」，王作「无」。「特」，永作「侍」。

十四葉一行釋文　衽。而甚反。又而鴆反。「鴆」，十作「鴉」。

十四葉二行經　建無窮之基。亦有無窮之聞。○山井鼎《考文》：亦有無窮之聞。〔古本〕「亦」作「其」。○盧文弨《拾補》：建無窮之基，亦有無窮之聞。古本「無」作「亾」，下同。前後不悉著，此連類及之。古本「亦」作「其」。○阮元《校記甲》：亦有無窮之聞。「亦」，古本作「其」。阮元《校記乙》同。

十四葉三行注　爲周家立無窮之基業。「無」，王作「无」。

十四葉三行注　於公亦有無窮之名。「無」，王作「无」。「於」，庫作「于」。

十四葉四行注　以聞於後世。「聞」上八、李、纂、平、岳無「以」字。「於」，庫作「于」。○山井鼎《考文》：以聞於後世。〔古本〕無「以」字，宋板同。○盧文弨《拾補》：亦有無窮之名傳(聞)於後世。毛本「名」下衍「以」字,古本、宋本皆無。○阮元《校記甲》:以聞於後世。古、岳、宋板、纂傳俱無「以」字。阮元《校記乙》同。

十四葉四行釋文　爲于僞反。「爲」,王作「僞」。「于」上平有「周上」二字。

十四葉五行經　嗚呼。罔曰弗克。「嗚」,毛作「嗚」。

十四葉六行注　無曰不能。惟在盡其心而已。王「無」作「无」,「盡」作「尽」。

十四葉七行經　惟慎厥事。○山井鼎《考文》:惟慎厥事。〔古本〕「厥」作「其」。

十四葉七行注　無曰人少不足治也。○山井鼎《考文》:無曰人少。〔古本〕「人」作「民」。○盧文弨《拾補》:無曰人少不足治也。古本「人」作「民」。○阮元《校記甲》:無曰人少不足治也。「人」,古本作「民」。○《定本校記》:無曰人少不足治也。「人」,岩崎本、内野本、足利本作「民」。

十四葉八行注　無敢輕之。「無」,王作「无」。

十四葉八行釋文　少。詩照反。「少」上平有「人」字。○山井鼎《考文》:少,詩照反。

謹按 恐誤讀。○阮元《校記甲》:人少,詩照反。盧文弨云:經云:「罔曰民寡。」傳云:「無曰人少,不足治也。」則非長少之少,此音殊謬。

十四葉九行注　**以美於前人之政。**　「於」，庫作「于」。

十四葉九行疏　**「我聞至其訓○正義曰」至「禦止也」。**　「我聞至其訓○正義曰」至「禦止也」疏文四节，平在孔傳「於何其能順乎」下，殿、庫同。○浦鏜《正字》：疏我聞至禦止也。當在上「資富」節傳下。已下九節，正義僅存一條，當有脱落。○盧文弨《拾補》：我聞至其訓。自此至「閑謂防閑禦止也」止，官本盡移在「資富能訓」傳下，當從之。○「我聞至其訓○正義曰」至「禦止也」疏文四節，定本在孔傳「於何其能順乎」下。《定本校記》：我聞曰世禄之家。此節疏〔足利〕八行本在後文「以休于前政」下，今從殿本、浦氏。

十四葉十行疏　**正義曰。我聞古人言曰。**　「義」上平無「正」字。

十四葉十行疏　**少能用禮。**　「用」，平作「相」。

十四葉十二行疏　**怙恃奢侈。**　「怙」，平作「怙」。

十四葉十二行疏　**飾其服美於其人。**　「於」，庫作「于」。

十四葉十二行疏　**矜能自侉行如此不變。**　「矜」，十作「矝」。「侉」，要作「誇」。

十四葉十三行疏　**今以法約之。**　「今」，十、永、阮作「令」。

十四葉十四行疏　**是乃爲大順德也。**　「順」下要無「德」字。

十四葉十五行疏　傳特言至天道。「傳特」，平作「怙恃」。

十四葉十五行疏　正義曰。凡以善言教化。「義」上平無「正」字。

十四葉十七行疏　今乃以下慢上。「今」，十作「令」。

十四葉十七行疏　正義曰。席者人之所處。「義」上平無「正」字。

十五葉一行疏　美於其人。「於」，庫作「于」。

十五葉二行疏　正義曰。淫。「義」上平無「正」字。

十五葉二行疏　故矜侉不變。「矜」，十、永作「矝」。

十五葉三行疏　雖令順從周制。「令」，單、八、平、殿、庫作「今」。○山井鼎《考文》：雖令順從周制。〔宋板〕「令」作「今」。○盧文弨《拾補》：雖今順從周制。毛本「今」作「令」。「令」當作「今」。○阮元《校記甲》：雖令順從周制。「令」，宋板作「今」。

十五葉三行疏　思威自止。「思」，單、八、平、殿作「畏」。○山井鼎《考文》：思威自止。〔宋板〕「思」作「畏」。○盧文弨《拾補》：畏威自止。毛本「畏」作「思」。「思」當作「畏」。○阮元《校記甲》：思威自止。「思」，宋板作「畏」。

十五葉三行疏　心未厭服。「厭」，單、八、平、十、永、阮作「壓」。○山井鼎《考文》：心未厭服。〔宋板〕「厭」作「壓」。○阮元《校記甲》：心未厭服。「厭」，宋板、十行俱作「壓」。

十五葉四行疏　傳敬順至畢公。　○阮元《校記甲》：傳敬順至畢公。浦鏜云：自「邦之安危」以下凡九節，僅存一條，當有脱落。阮元《校記乙》同。

十五葉四行疏　正義曰。　「義」上平無「正」字。

十五葉四行疏　美於前人之政。　「於」，庫作「于」。

十五葉四行疏　所以勉勸畢公。　「勸」，單、八、平、阮作「勵」。○山井鼎《考文》：所以勉勸畢公。〔宋板〕「勸」作「勵」。○盧文弨《拾補》：所以勉勵畢公。毛本「勵」作「勸」。「勸」當作「勵」。案：正文九節，正義只釋末一節，其爲脱漏多矣。○阮元《校記甲》：所以勉勸畢公。「勸」，宋板作「勵」。按：宋本是也。阮元《校記乙》同。

君牙第二十七

十五葉五行經　君牙第二十七　「二十」，石作「廿」。

十五葉七行釋文　穆王名滿。　「名」上平無「王」字。

十五葉八行釋文　君牙。或作君惟。　「惟」，王、纂、平、殿、庫、阮作「雅」。○山井鼎《考文》：君牙，或作君惟。謹按「惟」恐「雅」誤。○物觀《補遺》：或作君惟。〔經典釋文〕「惟」作「雅」。○殿本《考證》：或作君雅。臣召南按：禮記緇衣引此篇，「暑雨祈寒」之文作「君雅曰」，康成注：「雅」，書序作「牙」，假借字也。監本及別本作「君惟」，非是。今改正。○浦鏜《正字》：或作君雅。「雅」誤「惟」。○阮元《校記甲》：君牙，或作君雅。「雅」，十行本、毛本俱誤作「惟」。

十五葉八行經　作君牙△。　○阮元《校記甲》：作君牙。陸氏曰：「君牙」或作「君雅」。按：禮記緇衣作「君雅」。注云：書序作「牙」，假借字也。然則記自作「雅」，經自作「牙」。陸言或作「君雅」，自指記言，非謂經之別本或作「雅」也。但無顯證。或僞孔本有作「雅」者，姑存以俟攷。阮元《校記乙》同。

十五葉九行經　君牙△　○岳本《考證》：君牙。案：禮記緇衣引此篇「暑雨祁寒」之文作「君雅」。鄭康成注：「雅」，書序作「牙」，假借字也。監本、閣本並作「君惟」，悮甚。（彙校者案：監本、毛本實作「君牙」。「君惟」乃釋文或作。）

十五葉九行注　遂以△名篇。　○《定本校記》：遂以名篇。岩崎本、内野本無「以」字，清原宣賢手鈔本引家本亦無。

十五葉十行經　王若曰嗚呼。　「嗚」，毛作「鳴」。○阮元《校記甲》：王若曰嗚呼，君牙。毛本「嗚呼」作「鳴呼」，誤。阮元《校記乙》同。

十五葉十三行注　見紀録書于王之太常以表顯之。　「于」，八、李、纂、平、要、岳作「於」。○山井鼎《考文》：書于王之太常。〔古本〕「于」作「於」，宋板同。○盧文弨《拾補》：書於王之太常。毛本「於」作「于」。「于」當作「於」。

十五葉十三行注　王之旌旗。畫日月曰太常。　○阮元《校記甲》：王之旌旗，畫日月曰太常。「旗」，纂傳作「旂」。

十五葉十四行經　亦惟先正之臣。　「正」，石、八、李、王、纂、平、岳、庫作「王」。○山井鼎《考文》：亦惟先正之臣。〔古本〕「正」作「王」。宋板、蔡本同。○殿本《考證》：亦惟先正之臣。蔡沈本作「先王之臣」。陳櫟曰：「先正」説見説命，當從孔傳。臣召南按：後文又言「乃惟由先正舊典時式」，則此文作「先正之臣」是也。○浦鏜《正字》：亦惟先正之臣。「先正」，今本作「先王」。○岳本《考證》：亦惟先王之臣。「先王」，蔡沈集傳與此同，殿本作「先正」。○盧文弨《拾補》：亦惟先王之臣。毛本「王」作「正」。「正」當作「王」。○阮元《校記甲》：亦惟先正之臣。「正」，唐石經、古、岳、宋板、蔡本俱作「王」。按：本篇下文及説命、文侯之命言「先正」皆無「之臣」二字，則此「正」字當屬「王」字之譌。「先王之臣」

猶言「先正」爾。阮元《校記乙》同。

十五葉十六行注　言巳無所能。「無」，王作「无」。○山井鼎《考文》：言巳無所能。〔古本〕下有「矣」字。○阮元《校記甲》：言巳無所能。古本下有「矣」字。

十五葉十七行注　言祖業之大。「業」，纂作「宗」。

十五葉十八行注　危懼之甚。○《定本校記》：危懼之甚。岩崎本、内野本無「危」字，清原宣賢手鈔本引家本亦無。

十六葉一行疏　穆王至春冰○正義曰。穆王命其臣名君牙者。爲周大司徒之卿。以策書命之。史録其策書。作君牙。　此一节疏文平在傳文「命以其名遂以名篇」下。「春冰」，單、平作「君牙」。「義」上平無「正」字。○浦鏜《正字》：穆王至春冰。「春冰」字當爲「君牙」。自此至「作君牙」三十七字當在上序下。○盧文弨《拾補》：穆王至春冰。浦云：當爲「君牙」。自此至「作君牙」止，當在上序傳下，下亦有脱文。○「穆王至春冰」至「作君牙」三十七字疏文定本移至傳「穆王，康王孫，昭王子」之下。《定本校記》：穆王命君牙。此節疏〔足利〕八行本在後文「涉子春冰」下，今從殿本、浦氏。又：穆王至君牙。「君牙」，「足利」八行本作「春冰」。今從單疏。

十六葉二行疏　㊉言汝至太常。○浦鏜《正字》：傳言女至太常也。一百一字當在上「惟乃祖」節傳下。○盧文弨《拾補》：傳言汝至太常。浦云：自此起至「名之曰太常也」當在上「惟乃祖乃父」傳下。今案：上下俱有脱漏。

十六葉二行疏　正義曰。「義」上平無「正」字。

十六葉二行疏　銘書於王之太常。「於」，庫作「于」。

十六葉二行疏　祭於大烝。「於」，庫作「于」。

十六葉三行疏　書於王之太常以表顯之也。「於」，庫作「于」。

十六葉五行注　今命汝爲我輔翼股肱心體之臣。「體」，纂作「膐」。

十六葉六行注　言委任。○山井鼎《考文》：言委任。〔古本〕下有「之」字。○阮元《校記甲》：言委任。此下古本有「之」字。

十六葉六行經　無忝祖考。○山井鼎《考文》：無忝祖考。〔古本〕「無」作「亡」。

十六葉八行釋文　令　力呈反。「令」下平有「有上」二字。

十六葉十行注　民心無中。「無」，王作「无」。

十六葉十一行經　小民惟曰怨咨。○山井鼎《考文》：小民惟曰怨咨。〔古本〕「曰」作「日」。○盧文弨《拾補》：小民惟曰怨咨。古本「曰」作「日」。下及傳同。○阮元《校記甲》：小民惟曰怨咨。「曰」，古本作「日」。下同。阮元《校記乙》同。

十六葉十一行注　小人惟曰怨歎咨嗟。　○山井鼎《考文》：小人惟曰怨歎咨嗟。〔古本〕「人」作「民」。○盧文弨《拾補》：小人惟曰怨歎咨嗟。古本「人」作「民」。○阮元《校記甲》：小人惟曰。「人」，古本、纂傳俱作「民」。○《定本校記》：小人惟曰怨歎咨嗟。「人」，岩崎本、内野本、足利本作「民」。

十六葉十二行注　言心無中也。　○山井鼎《考文》：言心無中也。〔古本〕「也」作「正」。○盧文弨《拾補》：言心無中正。毛本「正」作「也」，古本作「正」，當從古本。○阮元《校記甲》：言心無中也。古本「也」作「正」。○《定本校記》：言心無中也。「中」下岩崎本、内野本、足利本有「正」字，清原宣賢手鈔本引家本亦有。

十六葉十二行經　冬祁寒。　「祁」，永作「祈」。

十六葉十三行注　冬大寒。亦天之常道。　「大」，岳作「天」，殿作「太」。○《定本校記》：亦天之常道。岩崎本、内野本無「道」字，清原宣賢手鈔本引家本亦無。

十六葉十三行注　民猶怨咨。　「咨」，八、李、纂、平、岳作「嗟」。○山井鼎《考文》：民猶怨咨。〔古本〕「咨」作「嗟」。宋板同。○浦鏜《正字》：民猶怨咨。「咨」，按疏當作「嗟」。○盧文弨《拾補》：民猶怨嗟。毛本「嗟」作「咨」。「咨」當作「嗟」。○阮元《校記甲》：民猶怨咨。「咨」，古、岳、宋板俱作「嗟」，與疏標目合。阮元《校記乙》同。

十六葉十三行經　厥惟艱哉。　○山井鼎《考文》：厥惟艱哉。〔古本〕「艱」作「難」。○盧文弨《拾補》：厥惟艱哉。古本「艱」作「難」。○阮元《校記甲》：厥惟艱哉。「艱」，古本作「難」。阮元《校記乙》同。

十六葉十四行注　天不可怨。　「天」，岳作「大」。「怨」，十作「正」。○阮元《校記甲》：天不可怨。「天」，岳本誤作「大」。

十六葉十五行注　治民其惟難哉。　「難」，纂作「艱」。

十六葉十五行注　民乃寧。　「寧」，八、李、王、纂、平、岳作「安」。○山井鼎《考文》：民乃寧。〔古本〕「寧」作「安」。宋板同。○盧文弨《拾補》：民乃安。毛本「安」作「寧」。「寧」當作「安」。○阮元《校記甲》：以謀其易，民乃寧。「寧」，古、岳、宋板俱作「安」。按：「安」字正釋經文「寧」字。阮元《校記乙》同。

十六葉十五行釋文　易。以豉反。　「易」上平有「其」字。「豉」，王、平作「豉」。

十六葉十六行疏　正義曰。　「義」上平無「正」字。

十六葉十六行疏　王言我以危懼之故。　「王言我」，十作「繼大業」。

十六葉十六行疏　今命汝爲大司徒。　「大司徒」，單、八、平、永作「我輔翼」。○山井鼎《考文》：今命汝爲大司徒。宋板「大司徒」作「我輔翼」。○盧文弨《拾補》：今命汝爲大司徒。

「爲大司徒」，宋本作「爲我輔翼」。案：宋刻下截有模糊處，後人率意增補，有不盡合處。如下文所舉，當別擇之。○阮元《校記甲》：故今命汝爲大司徒。「大司徒」，宋板作「我輔翼」。阮元《校記乙》同。○張鈞衡《校記》：故今命汝爲我輔翼。阮本「我輔翼」作「大司徒」。

十六葉十七行疏　繼汝先世舊所服行。　「舊所服」，十作「父祖之」。

十六葉十八行疏　當先正身。　「當」，十、永作「常」。「正」，十作「王」。

十六葉十八行疏　汝當正身心以率之。　「正身心」，單、八、平、永作「爲中正」。○山井鼎《考文》：汝當正身心以率之。〔宋板〕「正身心」作「爲中正」。○盧文弨《拾補》：汝當正身心以率之。宋本「正身心」作「爲中正」。○阮元《校記甲》：汝當正身心以率之。「正身心」，宋板作「爲中正」。阮元《校記乙》同。○張鈞衡《校記》：汝當爲中正以率之。阮本「爲中正」作「正身心」。

十六葉十八行疏　夏月大暑大雨。　「大」，平作「太」。

十七葉一行疏　小民惟曰怨恨而咨嗟。　「咨」，永作「恣」。

十七葉一行疏　小民亦惟曰怨恨而咨歎。　「歎」，單、八、平、永、阮作「嗟」。○物觀《補遺》：小民亦惟曰怨恨而咨歎。宋板「歎」作「嗟」。○盧文弨《拾補》：亦惟曰怨恨而咨歎。宋本

「歎」作「嗟」。○阮元《校記甲》：怨恨而咨歎。「歎」，宋板、十行俱作「嗟」。

十七葉一行疏　天不可怨。「怨」，十作「正」。

十七葉二行疏　爲治不違道。「治」，單、八、平、永作「政」。○山井鼎《考文》：爲治不違道。〔宋板〕「治」作「政」。○盧文弨《拾補》：爲治不違道。宋本「治」作「政」。○阮元《校記甲》：爲治不違道。「治」，宋板作「政」。

十七葉三行疏　正義曰。「義」上平無「正」字。

十七葉三行疏　股。足也。「足」，單、八、平、永作「脚」。○山井鼎《考文》：股，足也。〔宋板〕「足」作「脚」。○盧文弨《拾補》：股，足也。宋本「足」作「脚」。○阮元《校記甲》：股，足也。「足」，宋板作「脚」。

十七葉三行疏　故舉四支以喻爲股肱心體之臣。「喻」，單、八、平、永作「言」。○山井鼎《考文》：故舉四支以喻。〔宋板〕「喻」作「言」。○盧文弨《拾補》：故舉四支以喻。宋本「喻」作「言」。○阮元《校記甲》：故舉四支以喻爲股肱心體之臣。「喻」，宋板作「言」。

十七葉五行疏　正義曰。傳以祁爲大。「義」上平無「正」字。

十七葉六行疏　則夏暑雨是大雨。「大」上平有「大暑」二字。○《定本校記》：則夏暑是大雨。「是」下金本有「大暑」二字。

十七葉六行疏　於此言祁以見之。　「於」，庫作「于」。

十七葉六行疏　此不言寒雪者。　「此」，十作「比」。

十七葉六行疏　於上言雨以見之。　「於」，庫作「于」。

十七葉八行經　啓佑我後人。　○山井鼎《考文》：啓佑我後人。〔古本〕「佑」作「佐」。○阮元《校記甲》：啓佑我後人。「佑」，古本作「佐」。阮元《校記乙》同。

十七葉九行經　咸以正罔缺。　「缺」，十作「鈌」。

十七葉九行注　文武之謀業。　「武」，毛作「王」。○物觀《補遺》：文王之謀業。〔古本〕「王」作「武」，宋板同。○岳本《考證》：文武之謀業。此綜上「文謨武烈」而言。汲古閣本作「文王之謀業」，「武」字悮「王」，非。○盧文弨《拾補》：文武之謀業，大明可承奉。毛本「武」作「王」。「王」當作「武」。○阮元《校記甲》：文王之謀業。「王」，古、岳、葛本、宋板、十行、閩、監、纂傳俱作「武」，是也。按：疏標目各本俱誤作「王」，毛本遂併改傳。○阮元《校記乙》：文武之謀業。古本、岳本、葛本、宋板、閩本、明監本、纂傳同。毛本「武」誤作「王」。按：疏標目各本俱誤作「王」，毛本遂併改傳，非。

十七葉九行注　大明可承奉。　○《定本校記》：大明可承奉。岩崎本無「承」字，清原宣賢手鈔本引家本亦無。内野本無「奉」字。

十七葉十一行注　用奉順於先王之道。「於」，纂、庫作「于」。

十七葉十二行注　言當答揚文武光明之命。「答」，八、王、纂、十、平、永作「荅」。「揚」，八、纂作「楊」。

十七葉十三行注　君臣各追配於前令名之人。「於」，庫作「于」。

十七葉十四行疏　正義曰。王又歎言。「義」上平無「正」字。

十七葉十六行疏　汝當答揚文武光明之命。「答」，單、八、十、平、永作「荅」。

十七葉十六行疏　追配於前世令名之人。「於」，庫作「于」。

十七葉十六行疏　同古之大賢也。「同」，十作「司」。

十七葉十六行疏　正義曰。文王未克殷。「義」上平無「正」字。

十七葉十七行疏　武王以殺紂。「以」，庫作「已」。

十七葉十八行疏　文王至邪缺。「王」，單、八作「武」。○阮元《校記甲》：傳文王至邪缺。

按：「王」當作「武」。各本皆誤。阮元《校記乙》同。

十七葉十八行疏　正義曰。文始謀之。「義」上平無「正」字。

十八葉二行經　乃惟由先正舊典時式。○山井鼎《考文》：先正舊典。[謹按]「正」，永懷堂本作「王」，古本作「生」，二本似非。○阮元《校記甲》：王若曰：君牙，乃惟由先正舊典時式。山井鼎曰：「正」，永懷堂本作「王」，古本作「生」，二本非也。阮元《校記乙》同。

十八葉三行注　汝惟當奉用先正之臣。所行故事舊典文籍是法。○阮元《校記甲》：汝惟當奉用先正之臣所行故事。盧文弨云：經當作「先正」，傳當作「先王之臣」。「先王之臣」乃解「先正」二字。阮元《校記乙》同。

十八葉五行釋文　治。直吏反。下註同。「註」，平作「治」。

十八葉五行經　率乃祖考之攸行。○物觀《補遺》：率乃祖考之攸行。〔古本〕「攸」作「道」。○盧文弨《拾補》：率乃祖考之攸行。古本「攸」作「逌」，薛本同。○阮元《校記甲》：率乃祖考之攸行。「攸」，古本作「道」。

十八葉六行注　言當循汝父祖之所行。○《定本校記》：言當循汝父祖之所行。岩崎本、內野本無「汝」字，清原宣賢手鈔本引家本亦無。

十八葉七行疏　正義曰。王順而呼之曰。「義」上平無「正」字。

十八葉八行疏　惟當奉用先世正官之法。○張鈞衡《校記》：先世正道之法。阮本「道」作「官」。

十八葉八行疏　**於是法則之。**　「於」，庫作「于」。

冏命第二十八

十八葉十行經　**冏命第二十八**　「冏」，王、平作「囧」。「二十」，石作「廿」。

十八葉十二行經　**穆王命伯冏爲周太僕正。**　「冏」，王、平作「囧」。○阮元《校記甲》：穆王命伯冏爲周太僕正。陸氏曰：「囧」字亦作「臩」。今按：史記周本紀正義引尚書序云：穆王令伯臩爲大僕正。蓋此字自魏晉以前俱作「臩」，僞孔亦必作「臩」。後人始改爲「囧」耳。集解引孔安國曰：伯囧，名也。「囧」字疑亦後人所改，非裴氏原文。阮元《校記乙》同。

十八葉十二行注　**伯冏。**　「冏」，王、平作「囧」。

十八葉十二行注　**太僕長。**　「太」，八、王、十作「大」。

十八葉十三行釋文　**冏，九永反。字亦作臩。**　王「冏」作「囧」，「九」作「无」。「亦」上纂無「字」字。「臩」，王作「煚」，平作「㷗」。○阮元《校記甲》：囧，九永反。字亦作臩。「囧」字又作「臩」。「臩」，盧文弨校本改作「𥉟」。葉本作「災」，誤。

十八葉十三行釋文　**長。諸丈反。**　「諸」，王、纂、平、十、永、閩作「誅」，殿、庫作「丁」。○山井鼎《考文》：長，諸丈反。經典釋文「諸」作「丁」，正、嘉二本作「誅」。○阮元《校記甲》：長，丁丈反。「丁」，葉本、十行本俱作「誅」，毛本作「諸」。山井鼎曰：正、嘉二本作「誅」。

十八葉十三行經　**作冏命。**「冏」，王、平作「囧」。

十八葉十四行經　**冏命。**「冏」，王、平作「囧」。○盧文弨《拾補》：囧命。毛本「囧」作「冏」。案：當作「冋」爲正。

十八葉十四行注　**以冏見命名篇。**「冏」，王、平作「囧」，十作「問」。「名」下要無「篇」字。

十八葉十四行疏　**穆王至冏命。**「冏」，平作「囧」。

十八葉十四行疏　**「穆王至冏命○正義曰」至「作冏命」。**○浦鏜《正字》：「冏命」下疏當在上序下。○盧文弨《拾補》：穆王至囧命。此段當在序「作囧命」下。○「穆王至冏命」至「作冏命」一節疏文，定本在經文「作冏命」下。《定本校記》：囧命。此經傳（足利）八行本在「作冏命」下，今從殿本、浦氏。

十八葉十四行疏　**正義曰。**「義」上平無「正」字。

十八葉十四行疏　**穆王命其臣名伯冏者。**「冏」，平作「囧」。

十八葉十五行疏　**史録其策書。**「録」，十作「緑」。

十八葉十五行疏　**作冏命。**「冏」，平作「囧」。

十八葉十五行疏　**伯冏至大夫。**「冏」，平作「囧」。

十八葉十五行疏　**正義曰。正。訓長也。**「義」上平無「正」字。

十八葉十六行疏　**周禮太御中大夫。**○浦鏜《正字》：周禮太御中大夫。「太御」，經作「大馭」。○盧文弨《拾補》：周禮太御。浦云：「太御」，經作「大馭」。

十八葉十六行疏　**則官高於太僕。**「於」，庫作「于」。「太」，平、十作「大」。

十八葉十六行疏　**故以爲周禮太御者。知非周禮太僕。**○浦鏜《正字》：故以爲周禮太御者，知非周禮太僕。「者」字疑在「太僕」下。○盧文弨《拾補》：故以爲周禮太御者，知非周禮太僕。浦云「御」下「者」字當在「周禮太僕」下。○阮元《校記甲》：故以爲周禮太御者，知非周禮太僕。浦鏜云：「者」字疑在「太僕」下。阮元《校記乙》同。○《定本校記》：故以爲周禮太御者，知非周禮太僕。浦氏云：「者」字疑當在「太僕」下。

十八葉十七行疏　**則此云太僕是矣。**○浦鏜《正字》：則此云太僕是矣，何須云正乎。「是」當「足」字誤。○盧文弨《拾補》：則此云太僕足矣。毛本「足」作「是」。浦鏜改「足」，從之。○阮元《校記甲》：則此云太僕是矣。「是」，纂傳作「足」。按：「足」是也。阮元《校記乙》同。○《定本校記》：則此云太僕是矣。浦氏云：「是」當「足」字誤。

十八葉十七行疏　命汝作大正。「大」，平、要作「太」。

十八葉十八行疏　太御最爲長。「太」，毛作「大」。

十九葉一行疏　故春秋隨侯寵少師。「師」，十、永作「帥」。

十九葉二行疏　汝無昵於憸人。「於」，庫作「于」。

十九葉二行疏　掌御王輅之官。「王」，單、八、平、要、毛、殿、庫作「玉」。○浦鏜《正字》：掌御玉輅之官。「玉」誤「王」。○孫詒讓《校記》：「王」當爲「玉」。

十九葉三行疏　故以大僕爲長。「大」，平、十、閩、毛、庫、阮作「太」。「僕」，單、八、平、要、十、永、阮作「御」。○山井鼎《考文》：故以太僕爲長。宋板「僕」作「御」。○盧文弨《拾補》：故以太御爲長。毛本「御」作「僕」。「僕」當作「御」。○阮元《校記甲》：故以太僕爲長。「僕」，宋板、十行俱作「御」。○阮元《校記乙》：故以太御爲長。宋板同。毛本「御」作「僕」。

十九葉三行疏　大僕雖掌燕朝。「大」，平、十、閩、毛、庫、阮作「太」。

十九葉五行經　伯冏。「冏」，王、平作「囧」。

十九葉五行注　順其事以命伯冏。「冏」，王、平作「囧」。

十九葉六行注　言我不能於道德。「於」，庫作「于」。

十九葉六行注　繼先人居大君之位。「繼」，八作「繼」。

十九葉七行經　怵惕惟厲。「怵」，王、十作「怵」。

十九葉七行注　言常悚懼惟危。「悚」，庫作「悚」。

十九葉八行注　思所以免其過悔。○浦鏜《正字》：思所以免其過悔。「過悔」疑「過愆」誤。

十九葉八行釋文　怵。勑律反。「怵」，平、十、永、閩、毛、殿、庫、阮作「怵」。「律」下永、閩、阮無「反」字。

十九葉九行注　聰明。視聽遠。○《定本校記》：聰明，視聽遠。「視聽」二字，岩崎本、内野本倒。

十九葉十行注　齊通。無滯礙。「無」，王作「无」。○浦鏜《正字》：齊通，無滯礙。「齊」，按疏訓「中」。

十九葉十行注　臣雖官有尊卑。「卑」，十作「車」。

十九葉十行釋文　礙。五代反。「五」，閩作「玉」。

十九葉十二行釋文　御。如字。「御」上平有「侍」字。

十九葉十二行釋文　從。才用反。「從」上平有「僕」字。

十九葉十五行經　罔有不藏。○山井鼎《考文》：罔有不藏。〔古本〕「不」作「弗」。下文皆同。

十九葉十五行經　下民祇若。「祇」，阮作「祗」。

十九葉十七行疏　正義曰。王順其事而呼之曰。「義」上平無「正」字。

十九葉十七行疏　伯冏。「冏」，平作「囧」。

十九葉十七行疏　惟我不能於道德。「於」，庫作「于」。

十九葉十七行疏　而繼嗣先人居大君之位。「繼」，八作「繼」。

十九葉十八行疏　心内怵惕。「怵」，單、八、永、閩、殿、庫、阮作「怵」。

二十葉三行疏　正義曰。「義」上平無「正」字。

二十葉三行疏　必有怵惕之心。「怵」，十作「怵」。

二十葉三行疏　怵惕是心動之名。「怵」，十作「怵」。

二十葉五行疏　正義曰。聰發於耳。「義」上平無「正」字。

二十葉五行疏　齊。訓中也。聖。訓通也。「中」下單、八、平無「也」字。「訓」下十、永、阮無「中也」。聖，「訓」四字。○山井鼎《考文》：齊，訓中也。〔宋板〕無「也」字。○阮元《校記甲》：齊，訓中也。聖，訓通也。宋板無上「也」字。十行本脱「中也。聖，訓」四字。○阮元《校記乙》：齊，訓通也。岳（毛）本、閩本、明監本、毛本「通」上有「中也。聖，訓」四字。案：此誤脱。

二十葉八行經　繩愆糾謬。「糾」，永作「紏」。

二十葉八行經　俾克紹先烈。「俾」，八作「俜」。

二十葉九行注　言恃左右之臣。「恃」，纂、十、永、閩、阮作「侍」。○阮元《校記甲》：言恃左右之臣。「恃」，十行本作「侍」。按：「恃」字不誤。○阮元《校記乙》：言侍左右之臣。毛本「侍」作「恃」。按：「恃」字不誤。

二十葉九行注　撿其非妄之心。「撿」，王、纂、十、永、庫、阮作「檢」。○山井鼎《考文》：檢其非妄之心。〔古本〕「檢」作「格」。○盧文弨《拾補》：檢其非妄之心。古本「檢」作「格」。○阮元《校記甲》：撿其非妄之心。「撿」，古本作「格」。按：正義是「格」字，即古本之所本也。○阮元《定本校記》：檢其非妄之心。「妄」，〔足利〕八行本誤作「妾」。

二十葉十行注　使能繼先王之功業。「繼」，八作「繼」。

二十葉十行疏　正義曰。「義」上平無「正」字。

二十葉十二行疏　糾其錯謬。　「糾」，永作「紏」。

二十葉十三行疏　正義曰。　「義」上平無「正」字。

二十葉十三行疏　糾。謂發舉。　「糾」，永作「紏」。

二十葉十三行疏　其愆過則彈正之。　「其」，單、八、平、永、阮作「有」。○山井鼎《考文》：其愆過則彈正之。〔宋板〕「其」作「有」。○盧文弨《拾補》：有愆過則彈正之。毛本「有」作「其」。「其」當作「有」。○阮元《校記甲》：其愆過則彈正之。「其」，宋板、十行俱作「有」。按：「有」字是。

二十葉十四行疏　有錯謬則舉發之。　「舉發」，單、八、平、永、阮作「發舉」。○物觀《補遺》：舉發之。宋板作「發舉之」。○盧文弨《拾補》：有錯謬則發舉之。「發舉」，毛本作「舉發」，從宋本乙。○阮元《校記甲》：有錯謬則舉發之。「舉發」二字宋板、十行俱倒，是也。

二十葉十四行疏　謂撿括。　「撿」，八、十、永、殿、庫、阮作「檢」。

二十葉十四行疏　撿括。　「撿」，八、十、永、庫、阮作「檢」。

二十葉十五行經　今予命汝作大正。　○山井鼎《考文》：今予命汝作大正。〔古本〕「正」上有「僕」字。○盧文弨《拾補》：今予命汝作太正。古本「太」下有「僕」字。○阮元《校記甲》：今予命汝作大正。「正」上古本有「僕」字。按：疏云「命汝作太僕官大正」，則「大」字作如字讀，不讀爲「太」，古本非也。阮元《校記乙》同。

二十葉十八行注　更代修進其所不及。　○浦鏜《正字》：更代修進其所不及。「及」，監本誤「反」。○《定本校記》：更代修進其所不及。「及」，岩崎本、内野本、神宮本、足利本作「逮」。

二十葉十八行經　無以巧言令色。　○山井鼎《考文》：無以巧言。〔古本〕「無」作「亡」。下「無昵」同。

二十葉十八行經　便辟側媚。　○《定本校記》：便僻側媚。「僻」，各本作「辟」，與疏不合。今從岩崎本、内野本。傳放此。

二十一葉二行注　令色無質。　○阮元《校記甲》：令色無質。毛氏曰：「令」作「今」，誤。

二十一葉二行注　側媚諂諛之人。　「諂」，纂、殿作「謟」。

二十一葉三行釋文　足將往反。　「將」上平有「恭上」二字。

二十一葉三行疏　正義曰。　「義」上平無「正」字。

二十一葉五行疏　當慎簡汝之僚屬。　「當」，十、永作「常」。

二十一葉五行疏　無得用巧言令色便辟側媚之人。　「辟」，單、八、平、永作「僻」。

二十一葉五行疏　令選其在下屬官。　「令」，十、永作「令」。○阮元《校記甲》：令選其在下屬官。「令」，十行本誤作「令」。○阮元《校記乙》：令選其在下屬官。毛本「令」作「令」。案：「令」字誤。

二十一葉七行疏　羣僕雖官有小人。　「人」，閩作「大」。

二十一葉七行疏　多以諂佞自容。　「諂」，單作「諂」。

二十一葉七行疏　令大僕教正羣僕。　「令」，阮作「令」。「大」，平作「太」。

二十一葉八行疏　掌御玉輅。　「御」，殿、庫作「馭」。

二十一葉八行疏　掌御戎車。　「御」，殿、庫作「馭」。

二十一葉八行疏　掌御金輅。　「御」，單、八、永、殿、庫、阮作「馭」。○阮元《校記甲》：齊僕下大夫掌御金輅。「御」，十行本作「馭」。按：周禮夏官作「馭」。

二十一葉九行疏　掌馭象輅。　「馭」，平作「御」。

二十一葉九行疏　正義曰。府史巳下官長所自辟除。　「義」上平無「正」字。「巳」，要作「以」。

二十一葉十行疏　此令大僕正謹慎簡選僚屬者。　「大」，單、八、平、要、十、永、阮作「太」。

二十一葉十行疏　人主所用。皆由臣下。臣下銓擬。　「銓」上八、要不重「臣下」二字。○物觀《補遺》：由臣下臣下。〔宋板〕無「臣下」二字。○盧文弨《拾補》：人主所用，皆由臣下，銓擬可者，然後用之。毛本重「臣下」二字。宋本不重，當從之。○阮元《校記甲》：皆由臣下，臣下銓擬，可者。「臣下」宋板不重出。按：纂傳重出。○《定本校記》：臣下銓擬，可者。〔足利〕八行本脱「臣下」二字。

二十一葉十一行疏　左丘明恥之。　「丘」，要、庫作「邱」。

二十一葉十一行疏　便辟是巧言令色之類。　「辟」，單、八、平、要、永作「僻」。○盧文弨《拾補》：便僻是巧言令色之類。毛本「僻」作「辟」。「辟」當作「僻」。○阮元《校記甲》：便辟是巧言令色之類。「辟」，十行本作「僻」。

二十一葉十二行疏　善爲顏色以媚説人主。　「善爲」，要作「爲善」。

二十一葉十三行疏　前却俯仰以足爲恭。　「足」，阮作「是」。

二十一葉十三行疏　此等皆是諂諛之人。　「諂」，殿作「謟」。

二十一葉十三行疏　襄三十<年左傳云。　「十」下單、八、平、殿有「一」字。○山井鼎《考文》：襄三十年左傳云。〔宋板〕作「三十一」年。謹按爲是。○殿本《考證》：襄三十一年

左傳。監本脱「一」字，今添。○浦鏜《正字》：襄三十一年左傳云云。脱「一」字。○盧文弨《拾補》：襄三十一年左傳云云。毛本脱「一」字。○阮元《校記甲》：襄三十年左傳云。「十」下宋板有「一」字。按：「一」字當有。○阮元《校記乙》：襄三十年左傳云。宋板「十」下有「一」字。按：有者是也。

二十一葉十四行疏　知此爲側媚者爲側行以求愛。非是愛側人也。　下「側」，單、八、平、十、永、阮作「前」。○山井鼎《考文》：非是愛側人也。〔宋板〕「側」作「前」。○浦鏜《正字》：爲側行以求愛，非是愛側人也。下「側」字疑衍。「以求」下疑脱「人」字。○盧文弨《拾補》：爲側行以求愛，非是愛前人也。毛本「前」作「側」。「側」當作「前」。案：「前人」謂在上之人。○阮元《校記甲》：非是愛側人也。「側」，宋板、十行俱作「前」。○阮元《校記乙》：非是愛前人也。宋板同。毛本「前」作「側」。

二十一葉十五行經　「僕臣正。厥后克正。僕臣諛。厥后自聖」至「王曰。嗚呼。欽哉。永弼乃后于彝憲」。　○浦鏜《正字》：「王曰」節已上七節無正義，疑脱落。

二十一葉十六行注　僕臣諂諛。　「諂」，纂、殿作「謟」。

二十一葉十八行經　爾無昵于憸人。　「于」，要作「干」。○山井鼎《考文》：無昵于憸人。〔古本〕「昵」作「暱」。○盧文弨《拾補》：爾無昵于憸人。古本「無昵」作「亾暱」。○阮元

《校記甲》：爾無昵于憸人。「昵」，古本作「暱」。陸氏曰：「憸」，本亦作「恖」。阮元《校記乙》同。

二十二葉一行注　汝無親近於憸利小子之人。「親」，平作「視」。「子」，要作「人」。

二十二葉三行釋文　憸。息廉反。徐七漸反。「廉」下平無「反」、「徐」二字。

二十二葉三行釋文　本亦作思。「本」上平有「徐」字。「思」，纂作「恖」，平作「悤」。○阮元《校記甲》：憸，本亦作思。「思」，盧文弨挍本改作「恖」，是也。

二十二葉三行釋文　道，導也。「道」下平有「君道」二字。「導也」，纂作「音導」。

二十二葉五行注　以求入於僕侍之臣。「於」，纂作「于」。

二十二葉五行注　汝當清審。○山井鼎《考文》：汝當清審。〔古本〕下有「之」字。○盧文弨《拾補》：汝當清審之。毛本脱「之」字，古本有。○阮元《校記甲》：汝當清審。古本下有「之」字。

二十二葉五行經　若時瘝厥官。「瘝」，阮作「癏」。

二十二葉六行釋文　瘝。故頑反。「故」，纂作「改」。

二十二葉七行經　惟爾大弗克祇厥辟。「祇」，阮作「祇」。

吕刑第二十九

二十二葉十一行經　吕刑第二十九　「二十」，石作「廿」。

二十二葉十四行注　訓暢夏禹贖刑之法。　○《定本校記》：訓暢夏禹贖刑之法。内野本、神宫本無「禹」字。

二十二葉十五行釋文　贖。音蜀。注及下同。　「注」下纂、平無「及」字。○阮元《校記甲》：贖，音蜀，注下同。「下」上十行本、毛本俱有「及」字。按：十行本、毛本是也。凡言「注下同」者皆當加「及」字。

二十二葉十六行注　故稱甫刑。　「故」下八、李、王、纂、平、要、岳、十、永、殿、庫、阮有「或」字。○山井鼎《考文》：故稱甫刑。〔古本〕「故」下有「或」字，宋板同。○殿本《考證》：故或稱甫刑。監本脱「或」字，据舊本及疏添。○盧文弨《拾補》：後爲甫侯，故或稱甫刑。毛本脱「或」字。○阮元《校記甲》：故稱甫刑。「故」下古、岳、宋板、十行、纂傳俱有「或」字。

二十二葉十六行疏　「吕命至吕刑○正義曰」至「爲此故也」。　○浦鏜《正字》：「吕刑」下疏「吕命」至「爲此故也」七百一十二字當在上序下。○盧文弨《拾補》：吕命至吕刑。自此起至「爲此故也」止，當在上序之下。○疏文「呂命至呂刑」至「爲此故也」，定本移至經文「作呂刑」下。《定本校記》：呂刑。此經傳〔足利〕八行本在「作呂刑」下。今從殿本、浦氏。

二十二葉十六行疏　**正義曰。呂侯得穆王之命。**　「義」上平無「正」字。

二十二葉十八行疏　**正義曰。呂侯得王命。**　「義」上平無「正」字。

二十三葉二行疏　**書説。謂書緯刑將得放之篇有此言也。**　○浦鏜《正字》：書説，謂書緯刑德放之篇。「刑」下衍「将」字。「德」誤「得」。○盧文弨《拾補》：書説，謂書緯刑德放之篇。毛本「刑」下衍「將」字，「德」作「得」。「得」當作「德」。○阮元《校記甲》：謂書緯刑將得放之篇。盧文弨云：「刑將得放」當作「刑德放」。是也。阮元《校記乙》同。○《定本校記》：書説，謂書緯刑將得放之篇有此言也。浦氏云：「將」字衍，「得」當作「德」。

二十三葉三行疏　**何以得專主刑也。**　「主」，單、八、平、永、阮作「王」。○山井鼎《考文》：何以得專主刑也。宋板「主」作「王」。○阮元《校記甲》：何以得專主刑也。「主」，宋板、十行俱作「王」。○阮元《校記乙》：何以得專王刑也。宋板同。毛本「王」作「主」。

二十三葉三行疏　**正義曰。名篇謂之呂刑。**　「義」上平無「正」字。

二十三葉四行疏　**經言陳罰贖之事。**　○《定本校記》：經言陳罰贖之事。「言」，疑當作「直」。

二十三葉五行疏　**殷以變夏。**　「殷」，永作「殿」。○浦鏜《正字》：殷以變夏，周又改殷。「以」當「已」字誤。

二十三葉六行疏　**故孔子録之以爲法。**　「法」下要有雙行小字「又一節見後」。

二十三葉七行疏　**掌受士之金罰貨罰入于司兵。**　「于」，庫作「於」。

二十三葉八行疏　**人似不得贖罪。**　「人似」，要作「又是」。

二十三葉十行疏　**以麗萬民之罪。**　「民」，十作「國」。

二十三葉十行疏　**剕罪五百。**　「剕」，單、八、平、永作「刖」，要作「刵」。○山井鼎《考文》：剕罪五百。〔宋板〕「剕」作「刖」。○浦鏜《正字》：剕罪五百。「剕」，周禮作「刖」。○盧文弨《拾補》：刖罪五百。毛本「刖」作「剕」。「剕」當作「刖」。○阮元《校記甲》：剕罪五百。「剕」，宋板、十行、纂傳俱作「刖」。按：周禮司刑是「刖」字。○阮元《校記乙》：刖罪五百。宋板、纂傳同。毛本「刖」作「剕」。按：周禮司刑是「刖」字。○孫詒讓《校記》：「剕」，當依周官作「刖」。○張鈞衡《校記》：腓罪五百。阮本「腓」作「刖」。校勘記云：毛本作「腓」，今此本亦作「腓」。（彙校者案：毛本、阮本作「剕」。）

二十三葉十行疏　**五刑惟有二千五百。**　「二」，永作「三」。

二十三葉十一行疏　**而言變從輕者。**「變」，要作「夏」。

二十三葉十一行疏　**此則輕刑少而重刑多。**○阮元《校記甲》：此則輕刑少而重刑多。纂傳無「此」字。

二十三葉十二行疏　**輕刑多而重刑少。**○阮元《校記甲》：輕刑多而重刑少。首句纂傳有「則」字。

二十三葉十三行疏　**而使刑罰大重。**「大」，單、八、平、要、十、永、閩、阮作「太」。○盧文弨《拾補》：相時制法，而使刑罰太重。毛本「太」作「大」。「大」當作「太」。○阮元《校記甲》：而使刑罰大重。「大」，十行、閩本俱作「太」。

二十三葉十三行疏　**今穆王改易之者。**「今」，單、八、十、永、阮作「令」。○阮元《校記甲》：今穆王改易之者。「今」，十行本作「令」。○阮元《校記乙》：令穆王改易之者。毛本「令」作「今」。

二十三葉十四行疏　**自湯已後。**「已」，要作「以」。

二十三葉十四行疏　**世漸苛酷。**「酷」，要作「刻」。

二十三葉十四行疏　**紂作炮烙之刑。**「作」，要作「乃」。

二十三葉十五行疏　不可頓使太輕。　○殿本《考證》：不可頓使太輕。「頓」字，監本訛「頻」，今改正。

二十三葉十五行疏　成康之間。　「間」，單作「閒」，平作「問」。

二十三葉十五行疏　下及穆王。　「下」，平作「王」。

二十三葉十七行疏　苟適於時。　「時」，要作「適」。

二十四葉一行疏　故或稱甫刑。　「或」上要無「故」字。

二十四葉二行疏　云生甫及申。　「生」，要作「申」。

二十四葉二行疏　揚之水。　「揚」，平作「楊」。

二十四葉二行疏　云不與我戍甫。　「戍」，單、八、平、十、永、閩、毛、殿、庫、阮作「戌」。

二十四葉三行疏　後人以子孫之國號名之也。　「孫」上要無「子」字。

二十四葉六行疏　其齊許申呂。　「申」下要無「呂」字。

二十四葉七行經　惟呂命。王享國百年。耄荒。　○阮元《校記甲》：惟呂命，王享國百年，耄荒。陸氏曰：「耄」本亦作「薹」。按説文當作「薹」，此「薹」字正説文「薹」字之譌也。阮元《校記乙》同。

二十四葉八行注　穆王以享國百年。　○山井鼎《考文》：穆王以享國百年。〔古本〕「以」上有「已」字。○浦鏜《正字》：穆王已享國百年。「已」誤「以」。○盧文弨《拾補》：時穆王以享國百年。毛本「以」作「已」，通。古本「已」、「以」竝有，葢是校者旁注。○阮元《校記甲》：時穆王以享國百年。「以」上古本有「已」字。按：「以」、「已」古通用，古本因誤疊。

二十四葉九行注　言百年大期。雖老而能用賢以揚名。　○山井鼎《考文》：言百年大期。〔古本〕「期」作「其」，屬下讀。○盧文弨《拾補》：言百年大其，雖老而能用賢以揚名。毛本「其」作「期」。案：百年固是大期。然此自當作「大其」，屬下讀。○阮元《校記甲》：言百年大期。「大期」，古本作「大其」，屬下讀。按：疏云「美大其事」，則作「其」是也。阮元《校記乙》同。○《定本校記》：大其，雖老而能用賢以揚名。岩崎本、内野本、神宮本、足利本如此。各本「其」作「期」，非。

二十四葉九行釋文　耄。今亦作𦒿。毛報反。　「今」，王、纂、平、十、永、殿、庫、阮作「本」。「𦒿」，纂作「𦒿」，平作「蒿」。「毛」，平作「耄」。「報」下閩無「反」字。○物觀《補遺》：耄，今亦作𦒿。〔經典释文〕「今」作「本」。○浦鏜《正字》：耄，本亦作𦒿。「本」誤「今」。○阮元《校記甲》：耄，本亦作𦒿。「本」，毛本作「今」。盧文弨云：説文止有「𦒿」字，从老从蒿省。

二十四葉十行經　**度作刑以詰四方。**　○顧炎武《九經誤字》：石經、監本同。釋文「詰，起一反」。今本作「誥」，誤。○阮元《校記甲》：度作刑以詰四方。石經考文提要云：坊本譌以「詰」。阮元《校記乙》同。

二十四葉十一行疏　**惟呂至四方。**　「惟」，十作「推」。

二十四葉十一行疏　**正義曰。惟呂侯見命爲卿。**　「義」上平無「正」字。

二十四葉十三行疏　**作夏贖刑以治天下四方之民也。**　「刑」，八作「形」。○《定本校記》：作夏贖刑。「刑」，〔足利〕八行本誤作「形」。

二十四葉十三行疏　**正義曰。史述呂侯見命而記王年。**　「義」上平無「正」字。

二十四葉十四行疏　**知其得命之時王已享國百年也。**　「已」，單、八、平作「以」。○山井鼎《考文》：王已享國百年也。〔宋板〕「已」作「以」。○阮元《校記甲》：王已享國百年也。「已」，宋板作「以」。

二十四葉十五行疏　**此至命呂侯之年。**　「此」，單、八、平、要、永作「比」，十作「北」。○山井鼎《考文》：此至命呂侯之年。〔宋板〕「此」作「比」。○浦鏜《正字》：此至命呂侯之年，未必已有百年。「此至」字疑誤倒。○盧文弨《拾補》：比至命呂侯之年。毛本「比」作「此」。「此」當作「比」。○阮元《校記甲》：此至命呂侯之年。「此」，宋板作「比」，是也。十行本誤作「北」。○阮元《校記乙》：北至命呂侯之年。宋板「北」作「比」，是也。毛本作「此」，亦非。○張鈞衡《校記》：比至命呂侯之年。阮本「比」作「此」，誤。

二十四葉十六行疏　甫侯言於王作修刑辟。「修」，單、八、平、十、永、閩、阮作「脩」。

二十四葉十六行疏　是修刑法者。「修」，單、八、平、十、永、閩、阮作「脩」。

二十四葉十七行疏　司馬遷若在孔後。或當各有所據。○浦鏜《正字》：司馬遷若在孔後，或當各有所據。「若」，疑。○《定本校記》：司馬遷若在孔後。浦氏云：「若」字疑。

二十四葉十八行疏　及文王享國若干年者。「干」，要作「千」。

二十五葉三行注　延及於平善之人。○物觀《補遺》：及於平善之人。〔古本〕無「善」字，「人」作「民」。○阮元《校記甲》：延及於平善之人。古本無「善」字，「人」作「民」。○《定本校記》：延及於平善之人。「之」字岩崎本、神宮本無，清宣賢手鈔本引家本亦無。「人」字岩崎本、内野本、神宮本、足利本作「民」，清原宣賢手鈔本引家本亦然。

二十五葉四行經　罔不寇賊。○山井鼎《考文》：罔不寇賊。〔古本〕「不」作「弗」。篇内皆同。○阮元《校記甲》：罔不寇賊鴟義。陸氏曰：「義」，本亦作「誼」。阮元《校記乙》同。

二十五葉五行注　爲鴟梟之義以相奪攘。纂「梟」作「梟」，「攘」作「讓」。

二十五葉七行釋文　宄。音軌。攘。如羊反。　「攘」上纂無「宄，音軌」三字。

二十五葉九行注　自謂得法。　○山井鼎《考文》：自謂得法。〔古本〕下有「也」字。

二十五葉十一行經　殺戮無辜。　○山井鼎《考文》：殺戮無辜。〔古本〕「無」作「亡」，「辜」作「罪」。○盧文弨《拾補》：殺戮無辜。古本「無辜」作「亾罪」。○阮元《校記甲》：殺戮無辜。「辜」，古本作「罪」。阮元《校記乙》同。

二十五葉十一行經　爰始淫爲劓刵椓黥。　「椓」，八、李、十、永作「椓」。○《定本校記》：爰始淫爲刵劓劅黥。「刵劓」二字，各本倒，今從岩崎本、内野本。「劅」，岩崎本作「斀」，神宮本、足利本、注疏本作「椓」，今從内野本。段氏玉裁云：孔傳曰：截人耳鼻。正義曰：刵，截人耳。劓，截人鼻。劅，椓人陰。黥，割人面。又曰：於是大爲截人耳鼻，椓陰黥面，皆先刵後劓。今本「刵劓」作「劓刵」，「劅」作「椓」，皆衛包所改也。

二十五葉十一行注　三苗之主。　「三」，平作「二」。

二十五葉十一行注　頑凶若民。　「若」，李作「苦」，纂作「苦」。

二十五葉十二行注　椓陰黥面。　「椓」，八、李、十、永作「椓」。「面」，庫作「而」。

二十五葉十三行釋文　刵。徐如志反。　「如」上岳無「徐」字。

二十五葉十三行釋文　椓。竹角反。　「椓」，十、永作「椓」。「竹」，王、纂、平、岳、十、永、殿、庫、阮作「丁」。○山井鼎《考文》：椓，竹角反。經典釋文「竹」作「丁」。○阮元《校記甲》：椓，丁角反。「丁」，毛本作「竹」。

二十五葉十四行經　越茲麗刑。并制。　○山井鼎《考文》：越茲麗刑，并制。〔古本〕「刑」作「戮」。○盧文弨《拾補》：越茲麗刑，并制。古本「刑」作「戮」。○阮元《校記甲》：越茲麗刑，并制。「刑」，古本作「戮」。阮元《校記乙》同。

二十五葉十四行經　罔差有辭。　○山井鼎《考文》：罔差有辭。〔古本〕「辭」作「詞」。○盧文弨《拾補》：罔差有辭。古本「辭」作「詞」，下竝同。傳仍作「辭」。○阮元《校記甲》：罔差有辭。「辭」，古本作「詞」。按：山井鼎挍下「鰥寡有辭于苗」云：古文「辭」作「詞」，下「師聽五辭」、「五辭簡孚」、「無僭亂辭」、「察辭于差」、「獄之兩辭」、「無疆之辭」並同。傳中「辭」字皆同今本。阮元《校記乙》同。

二十五葉十五行注　言淫濫。　○《定本校記》：言淫濫。岩崎本、内野本、神宮本無「淫」字。

二十五葉十五行釋文　麗。力馳反。　「反」，平作「也」。

二十五葉十五行經　民興胥漸。　○山井鼎《考文》：民興胥漸。〔古本〕「胥」作「匹」。○盧文弨《拾補》：民興胥漸。古本「胥」作「匹」，疑「疋」之誤。○阮元《校記甲》：民興胥漸。

「胥」，古本作「匹」。阮元《校記乙》同。○孫詒讓《校記》：民興胥漸。古本「匹」，蓋「疋」之誤。

二十五葉十五行經　泯泯棼棼。「泯泯」，石作「泯泯」。

二十五葉十七行注　以反背詛盟之約。「背」，王作「背」。

二十五葉十八行釋文　泯。面忍反。「泯」下平復有「泯」字。

二十五葉十八行釋文　棼。芳云反。「棼」下平有「棼」字。「芳」，纂作「扶」。

二十五葉十八行釋文　徐扶云反。「云」，纂作「文」。

二十五葉十八行釋文　徐敷目反。「目」，王作「月」。

二十五葉十八行釋文　背。音佩。「背」，王作「背」。「佩」，平作「佩」。

二十六葉一行經　方告無辜于上。○山井鼎《考文》：告無辜于上。〔古本〕「無」作「亡」。下文除「苗民無辭于罰」皆同。

二十六葉一行經　上帝監民。○山井鼎《考文》：上帝監民。〔古本〕「民」作「人」。○盧文弨《拾補》：上帝監民。古本「民」作「人」。○阮元《校記甲》：上帝監民。「民」，古本作「人」。阮元《校記乙》同。○《定本校記》：上帝監民。「民」，内野本、神宮本、足利本作「人」。

二十六葉一行經　罔有馨香。「罔」，王作「罔」。

二十六葉二行注　三苗虐政作威。「威」，十、永作「威」。○山井鼎《考文》：虐政作威。〔古本〕「政」作「民」。○盧文弨《拾補》：三苗虐政作威。古本「政」作「民」。○阮元《校記甲》：三苗虐政作威。「政」，古本作「民」。

二十六葉四行釋文　聞。音問。又如字。註同。釋文「聞，音問。又如字。註同」八字纂作孔傳。「聞」上平有「發」字。

二十六葉四行釋文　行。下孟反。「行」上平有「之」字。

二十六葉四行經　皇帝哀矜庶戮之不辜。○殿本《考證》：臣召南按傳及音義，經文「皇帝」應作「君帝」。○浦鏜《正字》：皇帝哀矜庶戮之不辜。「皇」，釋文作「君」，云：「君」宜作「皇」字。下引釋文誤轉寫。○盧文弨《拾補》：皇帝哀矜庶戮之不辜。古本「皇」作「君」。○阮元《校記甲》：皇帝哀矜庶戮之不辜。陸氏曰：「皇」宜作「君」字。按：陸氏因傳有「君帝」之語，遂謂經之「皇」字宜作「君」。不知經自作「皇」，傳自作「君」。傳以「君帝」釋經「皇帝」，以別於秦之所謂皇帝也。「皇」之爲「君」，自是常訓，故傳不特釋之。下經「官伯」傳作「官長」，亦將謂經之「伯」字當作「長」乎。考單本釋文，乃大書「君帝」二字，注云「君宜作皇字」，尤爲舛誤。注疏本所載不誤也。阮元《校記乙》同。

二十六葉五行注　君帝。帝堯也。「君」，八、李、王、纂、平、岳、十、永、閩、阮作「皇」。○山井鼎《考文》：君帝，帝堯也。宋板「君」作「皇」，正、嘉同。謹按古本、萬曆、崇禎本「同」作「君」。○岳本《考證》：皇帝，帝堯也。案：陸德明音義云：經文「皇帝」應作「君帝」，故殿本、閣本並改傳中「皇」字作「君」。○阮元《校記甲》：君帝，帝堯也。山井鼎曰：宋板「君」作「皇」。正、嘉同。古本、萬歷、崇禎本俱作「君」字。今按：岳、葛、十行、閩本、纂傳亦俱作「皇」。疏引釋詁以解傳，則傳宜作「君」，明矣。陸德明所據之本，蓋亦作「君」也。○阮元《校記乙》：皇帝，帝堯也。岳本、葛本同。毛本「皇」作「君」。山井鼎曰：宋板「君」作「皇」。正、嘉同。古本、萬歷、崇禎本俱作「君」。今按：岳、葛、十行、閩本、纂傳亦俱作「皇」。疏引釋詁以解傳，則傳宜作「君」，明矣。陸德明所據之本，蓋亦作「君」也。○《定本校記》：君帝，帝堯也。「君」，岳本、〔足利〕八行本作「皇」，與疏不合。

二十六葉七行注　遏絶苗民。○山井鼎《考文》：以威誅遏絶苗民。〔古本〕「絶」下有「滅」字。○盧文弨《拾補》：誅遏絶滅苗民。毛本脱「滅」字，古本有。○阮元《校記甲》：乃報爲虐者以威誅，遏絶苗民。「絶」下古本有「滅」字。按：如古本，則「誅」字宜屬下讀。阮元《校記乙》同。○《定本校記》：乃報爲虐者以威誅，遏絶苗民。「絶」下岩崎本、内野本、神宫本、足利本有「滅」字，清原宣賢手鈔本引家本亦有。阮氏云：有「滅」字，則「誅」字宜屬下讀。

二十六葉七行釋文　皇帝。皇宜作君字。　王、纂、平、十、永、閩、阮二「皇」字作「君」，「君」作「皇」。○山井鼎《考文》：皇帝，皇宜作君字。〔經典釋文〕作「君宜作皇字」。謹按 正、嘉二本作「君帝，君宜作皇字」。○阮元《校記甲》：君帝，君宜作皇字。毛本作「皇帝，皇宜作君字」。山井鼎曰：皇帝，皇宜作君字。元文作「君宜作皇字」。謹按正、嘉二本作「君帝，君宜作皇字」。按：正、嘉二本正與元文合。据山井鼎語意，似元文止大書一「君」字，而以「宜作皇字」四字爲注，與通志堂本異。段玉裁以毛本爲是。

二十六葉九行疏　昔炎帝之末。　「末」，毛、殿作「未」。○浦鏜《正字》：昔炎帝之末云云。「末」，毛本誤「未」。下「堯末」誤同。○盧文弨《拾補》：昔炎帝之末。毛本「末」作「未」。「未」當作「末」。

二十六葉九行疏　延及於平善之民。　「於」，阮作「末」。

二十六葉十三行疏　劚椓人陰。　「劚椓」，庫作「椓劚」。「椓」，平、十、永作「椓」。

二十六葉十五行疏　民皆巧詐。　「巧」，單、八、平、十、永、閩、毛、殿、庫、阮作「巧」。

二十六葉十五行疏　無有中于信義。　「于」，庫作「於」。

二十六葉十五行疏　反背詛盟之約。　「背」，平作「持」。

二十六葉十六行疏　方方各告無罪於上天。　「方方」，平作「万方」。

二十六葉十七行疏　君帝。帝堯。　「君」，八作「皇」。○山井鼎《考文》：君帝，帝堯。〔宋板〕「君」作「皇」。○阮元《校記甲》：君帝，帝堯。「君」，宋板作「皇」。○《定本校記》：君帝，帝堯。「君」，〔足利〕八行本作「皇」，非。

二十七葉一行疏　必是亂民之事。　「是」，平作「使」。

二十七葉四行疏　與蚩尤戰於涿鹿之野。　「涿」，平、要、毛作「涿」。

二十七葉五行疏　蚩尤是炎帝之末諸侯名也。　「名」，單、八、平、要、十、永、閩、阮作「君」。○阮元《校記甲》：蚩尤是炎帝之末諸侯名也。「名」，十行、閩本俱作「君」。按：「君」字誤。○阮元《校記乙》：蚩尤是炎帝之末諸侯君也。閩本同。毛本「君」作「名」。按：「君」字誤。

二十七葉六行疏　鄭云。　「鄭」，十作「鄭」。

二十七葉六行疏　黄帝所伐者。　「黄」，十、永、阮作「皇」。○阮元《校記甲》：黄帝所伐者。「黄」，十行本誤作「皇」。○阮元《校記乙》：皇帝所伐者。毛本「皇」作「黄」。案：所改是也。

二十七葉八行疏　國語九黎在少昊之末。　「末」，單殘作「木」。

二十七葉九行疏　惟出楚語。　「惟」，平作「推」。

二十七葉十行疏　孔非不見楚語而爲此説。　「此」，要作「楚」。

二十七葉十行疏　蓋以蚩尤是九黎之君。　「九」，要作「此」。

二十七葉十一行疏　學蚩尤爲此者。　○浦鏜《正字》：學蚩尤爲亂者。「亂」誤「此」。○盧文弨《拾補》：學蚩尤爲亂者。毛本「亂」作「此」，浦改，當作「亂」。○阮元《校記甲》：學蚩尤爲此者。浦鏜云：「亂」誤「此」。是也。阮元《校記乙》同。

二十七葉十三行疏　民無所措手足。　「手」，永作「于」。

二十七葉十四行疏　殺人曰賊。　「賊」，要作「殺」。

二十七葉十四行疏　貪殘之鳥。　「殘」，十、閩作「残」。

二十七葉十四行疏　盜賊狀如鴟梟。　「梟」，要作「鳥」。

二十七葉十四行疏　鈔掠良善。　「鈔」，要作「抄」。

二十七葉十六行疏　知經意言三苗之君。　「經」上要無「知」字。

二十七葉十六行疏　靈。善也。　「靈」，要作「淩」。
二十七葉十八行疏　欲民行而畏之。　「欲」，閩作「歆」。「之」，要作「也」。
二十八葉一行疏　三苗復九黎之惡。　「三」，永作「二」。○浦鏜《正字》：三苗復九黎之惡。「惡」，楚語作「德」。○盧文弨《拾補》：三苗復九黎之惡。浦云國語「惡」本作「德」。○《定本校記》：三苗復九黎之惡。下疏兩引楚語，「惡」皆作「德」。
二十八葉一行疏　顓頊誅九黎。　「頊」，閩作「項」。
二十八葉二行疏　堯興又誅之。　「興」，平作「與」。
二十八葉二行疏　堯末又在朝。　「末」，毛作「未」。○物觀《補遺》：堯末。宋板「末」作「未」。○浦鏜《正字》：堯末其黨在朝。「其黨」二字誤作「又」。○盧文弨《拾補》：堯末又在朝。毛本「末」作「未」。「未」當作「末」。浦疑「又」乃「其黨」二字誤。○阮元《校記甲》：堯末又在朝。「末」，宋板、十行、閩、監俱作「未」。按：「末」字非也。
二十八葉二行疏　又竄之。　「竄」，閩作「竄」。
二十八葉三行疏　穆王深惡此族三生凶德。　「王」，閩作「主」。「此」下要有「三」字。○阮元《校記甲》：三生凶德。孫志祖云：禮緇衣疏引鄭注作「凶惡」。阮元《校記乙》同。

二十八葉三行疏　不言三苗是蚩尤之子孫。　「苗」下要無「是」字。

二十八葉五行疏　椓陰黥面。　「椓」，平、十、永作「椓」。

二十八葉六行疏　椓陰。　「椓」，平、十、永、阮作「椓」。

二十八葉七行疏　椓謂椓破陰。　二「椓」字，平、十、永、阮俱作「椓」。

二十八葉七行疏　黥爲羈黥人面。　「爲」，平、殿、庫作「謂」。○浦鏜《正字》：黥謂羈黥人面。「謂」誤「爲」。「羈」，疑「刻」字誤。○盧文弨《拾補》：黥謂羈黥人面。毛本「謂」譌「爲」。浦疑「羈」當作「刻」。

二十八葉八行疏　椓陰苦於去勢。　「椓」，平、十、永、阮作「椓」。

二十八葉八行疏　黥面甚於墨額。　「額」，八、平、永作「額」。

二十八葉十一行疏　必皆違之。　「皆」，單、八作「背」。○山井鼎《考文》：必皆違之。〔宋板〕「皆」作「背」。○盧文弨《拾補》：既無信義，必背違之。毛本「背」作「皆」。「皆」當作「背」。○阮元《校記甲》：必皆違之。「皆」，宋板作「背」。按：宋本是也。阮元《校記乙》同。

二十八葉十四行疏　腥臭。喻惡也。　「喻」上要無「腥臭」二字。

二十八葉十四行疏　君帝至下國。　○山井鼎《考文》：君帝至下國。謹按註文古本、萬曆、崇禎本作「君帝」，其餘註疏本皆作「皇帝」，而疏所引諸本皆作「君帝」。臣未知所適從耳。○阮元《校記甲》：傳君帝至下國。山井鼎曰：注文古本、萬歷、崇禎本作「君帝」，其餘注疏本皆作「皇帝」，而疏所引諸本皆作「君帝」，未知所適從耳。按：十行本亦作「君」，益知傳文宜作「君帝」。阮元《校記乙》同。

二十八葉十四行疏　重黎。是帝堯之事。　○浦鏜《正字》：命重黎，是帝堯之事。脱「命」字。○盧文弨《拾補》：命重黎，是帝堯之事。毛本脱「命」字，浦補。○《定本校記》：重黎，是帝堯之事。浦氏云：「重」上脱「命」字。

二十八葉十五行疏　此滅苗民。　○浦鏜《正字》：此滅苗民，在堯之初興。「此」，衍字。○盧文弨《拾補》：此滅苗民，在堯之初興。浦云：衍「此」字。

二十八葉十五行疏　又有竄三苗者。　「竄」，閩作「窜」。

二十八葉十八行注　堯命羲和世掌天地四時之官。　「羲」，阮作「義」。「官」，纂作「言」。○《定本校記》：堯乃命羲和掌天地四時之官。岩崎本、内野本、神宫本如此，清原宣賢手鈔本引家本亦然。注疏本無「乃」字，「掌」上有「世」字，與疏不合。

二十八葉十八行注　使人神不擾。　○物觀《補遺》：使人神不擾。〔古本〕「人」作「祇」。○阮元《校記甲》：使人神不擾。「人」，古本作「祇」。按：「祇」乃「民」之訛。阮元《校記乙》同。○《定本校記》：使民神不擾。岩崎本、内野本、神宫本如此，清原宣賢手鈔本引家本亦然。注疏本「民」作「人」，與疏不合。

二十九葉一行注　各得其序。　「各」，十、永作「名」。

二十九葉一行注　地祇不至於天。　「祇」，王、要、永、毛、殿、庫作「衹」。○浦鏜《正字》：地民不至於天。「民」誤「祇」，出疏。○盧文弨《拾補》：地祇不至于天。浦云「祇」是「民」之誤，出疏。○阮元《校記甲》：地祇不至於天。「祇」，疏作「民」，云「地民」，或作「地祇」。學者多聞神祇，又「民」字似「祇」，因妄改使謬耳。毛居正曰「祇」作「民」誤。按：此傳全本楚語，楚語民神對言，故傳亦以神民對言，疏説甚明。毛氏不從，何也？岳本、纂傳及明刻注疏諸本俱作「祇」，蓋爲毛氏所誤，惟十行本不誤。○阮元《校記乙》：地民不至於天。疏云「地民」或作「地祇」。學者多聞神祇，又「民」字似「祇」，因妄改使謬耳。毛居正曰「祇」作「民」誤。按：此傳全本楚語，楚語民神對言，故傳亦以神民對言。疏説甚明。毛氏不從，何也？岳本、纂傳及明刻注疏諸本俱作「祇」，蓋爲毛氏所誤，惟此本不誤。○《定本校記》：地民不至於天。「民」，各本作「祇」，今據疏改。「於」字，岩崎本、神宫本無。

二十九葉二行釋文　重。直龍反。「反」下纂、平有「注同」二字。○物觀《補遺》：重，直龍反。〔經典釋文〕「反」下有「註同」二字。

二十九葉三行注　羣后諸侯之逮在下國。○《定本校記》：羣后諸侯之逮在下國。「后」，岩崎本、神宮本作「君」。

二十九葉四行注　無有掩蓋。○《定本校記》：無有掩蓋。内野本、神宮本無「有」字，清原宣賢手鈔本引家本亦無。

二十九葉五行經　鰥寡有辭于苗。○山井鼎《考文》：有辭于苗。〔古本〕「辭」作「詞」。下「師聽五辭」、「五辭簡孚」、「無僭亂辭」、「察辭于差」、「獄之兩辭」、「無疆之辭」並同。

謹按 傳中「辭」字皆同今本。

二十九葉六行釋文　清問。馬云。清訊。「訊」下王、纂、平、殿、庫有「也」字。○物觀《補遺》：清訊。〔經典釋文〕「訊」下有「也」字。○阮元《校記甲》：清問，馬云，清訊也。十行本、毛本俱無「也」字。按：問之爲訊，無待解釋，蓋經之「問」字，馬本作「訊」耳。宜從注疏本無「也」字爲是。一云馬訓「清」爲「訊」，則當有「也」字。

二十九葉八行注　所以無能名焉。「名」，永作「明」。

二十九葉八行疏　乃命至惟明。　「惟」，阮作「推」。

二十九葉九行疏　帝堯既誅苗民。　「民」，永作「明」。

二十九葉九行疏　令民神不雜。　「令」，平、殿作「今」。

二十九葉十一行疏　鰥寡皆有辭怨於苗民。　「辭」，庫作「亂」。

二十九葉十四行疏　民神同位。　「位」，要作「坐」。

二十九葉十五行疏　命火正黎司地以屬民。　○浦鏜《正字》：命火正黎司地以屬民。案：韋昭引唐尚書云：「火」當爲「北」。○盧文弨《拾補》：命火正黎司地以屬民。浦云：國語注：「火」當爲「北」。

二十九葉十八行疏　故以重黎言之。　「言」，殿、庫作「官」。

三十葉一行疏　孔惟加各得其序一句耳。　「各」，平作「名」。

三十葉二行疏　經言民神分別之意。　「意」，要作「義」。

三十葉三行疏　孔因互文云。　「互」，平作「玄」。

三十葉三行疏　乃揔之云。　「揔」，毛、殿、庫作「總」。

三十葉三行疏　明不相干。　「干」，毛作「于」。

三十葉四行疏　地民或作地祇。「祇」，永、毛、殿、庫作「祗」。

三十葉四行疏　學者多聞神祇。「祇」，永、殿作「祗」。

三十葉四行疏　又民字似祇因妄改使謬耳。「祇」，永、殿作「祗」。

三十葉八行疏　○傳言堯至名焉○正義曰。此經二句。「此經」上「○傳言堯至名焉○正義曰」，殿、庫作「德威惟畏，德明惟明」。

三十葉十一行疏　明與上句相互。「互」，平作「玄」。

三十葉十三行經　折民惟刑。○殿本《考證》：伯夷降典折民惟刑。「折民」，漢書刑法志作「悊民」。○岳本《考證》：伯夷降典折民惟刑。案：漢書刑法志「折民」作「悊民」。

三十葉十四行注　伯夷下典禮。教民而斷以法。「下」，纂作「卜」。「法」上要無「以」字。○《定本校記》：伯夷下典禮教民。「典禮」二字，岩崎本、神宮本倒。

三十葉十四行注　禹治洪水。○物觀《補遺》：禹治洪水。宋板「治洪」間空一字。○阮元《校記甲》：禹治洪水。宋板「治洪」間空一字。按：「治」上疑有「平」字。○阮元《校記乙》：禹治洪水。宋板「治」下空一字。按：「治」上疑有「平」字。

三十葉十五行注　后稷下教民播種。○《定本校記》：后稷下教民播種。「播」，岩崎本、內野本、神宮本作「布」。

三十葉十六行釋文　馬鄭王皆音悊。　「王」，毛作「主」。「悊」，平作「哲」。○物觀《補遺》：馬鄭主。〔經典釋文〕「主」作「王」。○浦鏜《正字》：馬鄭王皆音悊。「王」，毛本誤「主」。○阮元《校記甲》：折，馬鄭王皆音悊。「王」，毛本誤作「主」。

三十葉十七行釋文　音章用反。　「章」上王、纂、平、殿、庫無「音」字。

三十葉十七行釋文　斷。丁亂反。下同。　「反」下纂無「下同」二字。

三十一葉一行經　以教祇德。　「祇」，阮作「祗」。

三十一葉一行注　言伯夷道民典禮。斷之以法。　○山井鼎《考文》：斷之以法。〔古本〕「斷」作「折」。○盧文弨《拾補》：言伯夷道民典禮，斷之以法。古本「斷」作「折」。○阮元《校記甲》：斷之以法。「斷」，古本作「折」。○《定本校記》：斷之以法。「斷」，岩崎本、内野本、神宮本、足利本作「折」。

三十一葉二行注　皐陶作士。制百官於刑之中。　「士」，平作「土」。「士制」，要作「制士」。「官」，庫作「姓」。

三十一葉二行注　助成道化。　「道化」，庫作「化道」。

三十一葉二行注　以教民爲敬德。　「德」下要有「也」字。

三十一葉三行釋文　祇。止而反。　「祇」，永、閩、毛、殿、庫作「祗」。

三十一葉三行疏　乃命至祇德。　「祇」，八、阮作「祗」。

三十一葉八行疏　但禹治水。萬事改新。　「治」下單、八有「洪」字。○山井鼎《考文》：但禹治水。〔宋板〕「水」上有「洪」字。○盧文弨《拾補》：但禹治洪水，萬事改新。毛本脱「洪」字。○阮元《校記甲》：但禹治水。「水」上宋板有「洪」字。

三十一葉十行疏　此即所謂堯命三君。　「堯」上要無「此即所謂」四字。

三十一葉十行疏　憂欲與民施功也。　「施」，要作「憂」。

三十一葉十四行疏　乃使皐陶作士。　「士」，十作「土」。

三十二葉四行疏　君臣敬明其德。灼然著於四方。　「其」，阮作「與」。○張鈞衡《校記》：其德灼然著於四方。阮本「其」作「與」。

三十二葉四行疏　故天下之士。　「士」，閩作「上」，阮作「事」。

三十二葉七行疏　彰著於四方。　「於」，單、八、平、永、阮作「于」。

三十二葉八行疏　萬方之衆。　「方」，庫作「民」。

三十二葉十六行注　在於天下。　○《定本校記》：在於天下。内野本、神宮本無「於」字。

三十二葉十八行疏　無有可擇之言在於其身。「擇」，阮作「釋」。

三十三葉一行疏　堯時主獄之官。「獄」，十作「典」。

三十三葉四行疏　(傳)凡明至天下。「(傳)」，阮作「得」。○張鈞衡《校記》：傳凡明至天下。阮本「傳」作「得」，誤。

三十三葉五行疏　獄官效天爲平均。「官」，平作「法」。

三十三葉五行疏　此人必是惟能爲天平均之德。「此」下永無「人」字。

三十三葉八行注　主政典獄。「主」，平作「王」。

三十三葉九行注　言任重是汝。「任重」，要作「重任」。

三十三葉九行釋文　爲于僞反。「爲」下平有「天上」二字。○阮元《校記甲》：爲天。「天」，葉本作「夭」，誤。

三十三葉九行釋文　任。而鴆反。重。輕重之重。此九字纂作「任重，上而鴆反，下輕重之重」，平作「任重，上而鴆反，重下輕重之重」。

三十三葉十行注　言當視是伯夷布刑之道而法之。「當」上李無「言」字。

三十三葉十四行注　言苗民無肯選擇善人。○山井鼎《考文》：言苗民無肯選擇善人。

〔古本〕「無」下有「有」字。○阮元《校記甲》：言苗民無肯選擇善人。「無」下古本有「有」字。○《定本校記》：言苗民無肯選擇善人。「無」下内野本、神宫本、足利本有「有」字。

三十三葉十五行注　以奪取人貨。○《定本校記》：以奪取人貨。内野本、神宫本無「以」字，清原宣賢手鈔本引家本亦無。

三十三葉十五行注　所以爲亂。○《定本校記》：所以爲亂。岩崎本、内野本、神宫本「所」作「而」，無「爲」字，清原宣賢手抄本引家本亦然。

三十三葉十六行經　以亂無辜。「辜」，李作「辠」。

三十三葉十七行注　天不潔其所爲。「潔」，八、平、岳、十作「絜」，李、要作「絜」。

三十三葉十七行注　故下咎罪。謂誅之。○物觀《補遺》：故下咎罪，謂誅之。〔古本〕「故」作「以」。○阮元《校記甲》：故下咎罪。「故」，古本作「以」。

三十四葉四行疏　非是伯夷布刑之道乎。「乎」，單、八、平、十、永、閩、阮作「也」。○阮元《校記甲》：非是伯夷布刑之道乎。「乎」，十行、閩本俱作「也」。

三十四葉五行疏　言當創苗民施刑不當。「不」，閩作「言」。

三十四葉六行疏　上天不潔其所爲。「潔」，單、八、平、十作「絜」，永、阮作「絜」。

三十四葉九行疏　其今至滅亡。「今」，永作「令」。

三十四葉十二行疏　正謂以罪加無罪是亂也。「亂」下永無「也」字。

三十四葉十二行疏　蠲。訓潔也。天不潔其所爲者。二「潔」，單、八、平作「絜」，十作「䋣」，永、阮作「絜」。

三十四葉十二行疏　天以苗民所行。「行」，平作「以」。

三十四葉十三行疏　腥臊不潔。「潔」，單、八、平作「絜」，十作「䋣」，永、阮作「絜」。

三十四葉十三行注　念以伯夷爲法。苗民爲戒。○山井鼎《考文》：苗民爲戒。〔古本〕「苗」上有「以」字。○盧文弨《拾補》：念以伯夷爲法，苗民爲戒。古本「法」下有「以」字。○阮元《校記甲》：苗民爲戒。「苗」上古本有「以」字。○《定本校記》：苗民爲戒。「苗」上内野本、神宫本、足利本有「以」字，清原宣賢手鈔本引家本亦有。

三十四葉十五行注　皆王同姓有父兄弟子孫列者。「王」，阮作「石」。○山井鼎《考文》：皆王同姓有父兄弟子孫列者。〔古本〕下有「也」字。「長久之道」下同。○張鈞衡《校記》：皆王同姓。阮本「王」作「石」，誤。

三十四葉十七行注　庶幾有至命。「至」，要作「致」。

三十四葉十七行釋文　少。詩照反。「反」，阮作「父」。

三十四葉十七行釋文　長。竹丈反。「竹」，王、纂、平、十、永、閩、殿、庫、阮作「丁」。○阮元《校記甲》：長，丁丈反。「丁」，毛本作「竹」。

三十四葉十七行經　今爾罔不由慰日勤。「日」，平作「曰」。○殿本《考證》：今爾罔不由慰日勤。臣召南按：孔疏則本文作「曰勤」，故陸氏音義亦云「一音曰也」。金履祥謂孔氏作「曰」，後儒見下文「一日非終」之説，又讀爲「日」。然陸氏已讀作「日」矣。○盧文弨《拾補》：今爾罔不由慰日勤。注疏本「日」作「曰」。○阮元《校記甲》：今爾罔不由慰曰勤。按：段玉裁云：「曰勤」，釋文作「日月」字，人實反，一音曰。「音曰」當作「音越」。正義作「子曰」字，云「言曰我當勤之」。王鳴盛云：孔傳「今汝無不用安自居曰當勤之」，下文所謂「徒念戒而不勤」也。孔本本作「曰」字，今定作「曰」。唐石經作「日」，非也。阮元《校記乙》同。○《定本校記》：今爾罔不由慰曰勤。「曰」，各本作「日」，與疏不合，今正傳放此。

三十四葉十八行注　今汝無不用安自居日當勤之。「汝」，永作「於」。「日」，平作「曰」。○盧文弨《拾補》：曰當勤之。毛本「曰」作「日」。「日」當作「曰」。○張鈞衡《校記》：今於無不用安。阮本「於」作「汝」。

三十五葉一行釋文　曰人實反。一音曰。　「日」下纂、平有「勸上」二字。○阮元《校記甲》：日勸（勸）。上人實反，一音曰。毛居正曰：「曰」作「日」誤。按：作「日」固非，作「曰」亦未爲是。古人書「日」、「曰」二字，不甚有辨，故陸氏每爲作音。今以「曰」音「日」，仍不分明。据洛誥曰記音義云「上音越，一音人實反」，則此「曰」字亦當作「越」。

三十五葉一行經　天齊于民。　「于」，庫作「於」。

三十五葉三行釋文　天齊于民。　「于」，庫作「於」。

三十五葉四行釋文　俾必爾反。　「俾」，纂、平作「上」。

三十五葉九行注　所以成剛柔正直之三德也。　「三」，平作「二」。

三十五葉十行注　其乃安寧長久之道。　○《定本校記》：長久之道。「長久」二字，岩崎本、内野本、神宮本倒。

三十五葉十一行疏　既令念此法戒。　「令」，閩作「今」。

三十五葉十二行疏　我當勤之哉。　「勤」，毛作「行」。○物觀《補遺》：我當行之哉。〔宋板〕「行」作「勤」。○盧文弨《拾補》：曰我當勤之哉。毛本「勤」作「行」。「行」當作「勤」。○阮元《校記甲》：我當行之哉。「行」，宋板、十行、閩、監俱作「勤」。按：「行」字非也。

三十五葉十三行疏　**上天欲整齊於下民。使我爲之。今我爲天子整齊下民也。**「今」，單、八、平、十、永、殿、庫、阮作「令」。○盧文弨《拾補》：上天欲整齊於下民使我爲天子。浦云「爲」下毛本衍「之今我爲」四字。（彙校者案：浦説見後，疑盧誤引。）○阮元《校記甲》：今我爲天子。「今」，十行本作「令」。按：十行本是。

三十五葉十六行疏　**欲令其謙而勿自恃也。**「恃」，單、八、平、十、永、閩、阮作「取」。○阮元《校記甲》：欲令其謙而勿自恃也。「恃」，十行、閩本俱作「取」。○阮元《校記乙》：欲令其謙而勿自取也。閩本同。毛本「取」作「恃」。

三十五葉十八行疏　**此揔告諸侯。**「揔」，毛、殿作「總」，庫作「総」。

三十六葉二行疏　**或當日欲勤行而中道倦怠。**「日」，平、十、永、閩、殿作「曰」。○物觀《補遺》：或當日欲勤行。〔宋板〕「日」作「曰」。○阮元《校記甲》：或當日欲勤行。「日」，宋板、十行、閩本俱作「曰」。○阮元《校記乙》：或當曰欲勤行。宋板、閩本同。毛本「曰」作「日」。

三十六葉五行疏　**故使我爲之。使我爲天子**　○浦鏜《正字》：故使我爲之，使我爲天子。「使我爲之」四字疑衍文。

三十六葉六行疏　王言巳冀從使爲行稱天意也。　「從」，單、八、平、殿、庫、阮作「欲」。○山井鼎《考文》：王言巳冀從使爲行稱天意也。〔宋板〕「從」作「欲」。○浦鏜《正字》：王言巳冀從使爲行稱天意也。「從使」疑「從天」誤。○盧文弨《拾補》：王言巳冀欲使爲行稱天意也。毛本「欲」作「從」。「從」當作「欲」。○阮元《校記甲》：王言巳冀從使爲行稱天意也。「從」，宋板、十行俱作「欲」。

三十六葉八行疏　汝當庶幾敬迎天命。　「迎」，單、八、永作「逆」，平作「逆」。○阮元《校記甲》：汝當庶幾敬迎天命。「迎」，十行本作「逆」。

三十六葉九行疏　必自謂巳實有美德。　「美德」，單、八、平、要、永、阮作「德美」。○阮元《校記甲》：必自謂巳實有美德。「美德」二字十行本倒。

三十六葉十二行注　吁。歎也。　「歎」，平作「勤」。

三十六葉十二行注　有國土諸侯。　○山井鼎《考文》：有國土諸侯。〔古本〕「土」上有「有」字，作「有國有土諸侯」。○盧文弨《拾補》：有國有土諸侯。毛本脱下「有」字，古本有。○阮元《校記甲》：有國土諸侯。「土」上古本有「有」字。○《定本校記》：有國土諸侯。「土」上內野本、神宮本、足利本有「有」字，清原宣賢手鈔本引家本亦有。

三十六葉十三行釋文　吁。況于反。　平「吁」作「于」，上有「曰」字。

三十六葉十四行注　在今爾安百姓兆民之道。　○《定本校記》：在今爾安百姓兆民之道。「爾」，岩崎本、内野本、神宫本作「汝」。「姓」，内野本、神宫本作「官」。

三十六葉十六行注　當何所度。　「度」，十作「擇」。○阮元《校記甲》：當何所度。「度」，史記集解作「居」。按：「度」與「宅」古字通用，「宅」訓「居」，故史記作「居」。若孔意，則當與王肅同訓「度」爲「謀」。故疏云「何所謀度，非惟度及世之用刑輕重所宜乎」是也。裴氏所引殆有意遷就，非孔氏本文。阮元《校記乙》同。

三十六葉十六行釋文　度。待洛反。　「待」，十、永作「侍」。

三十六葉十六行釋文　馬云。造謀也。　「造謀」，纂、平作「謀造」。○阮元《校記甲》：度，馬云造謀也。「造謀」二字葉本倒，非。

三十六葉十七行注　兩。謂囚證。　「謂」，李作「⿰言月」。

三十六葉十七行注　兩至具備。　「具」，要作「俱」。

三十六葉十八行注　則衆獄官。共聽其入五刑之辭。　○岳本《考證》：衆獄官其聽其入五刑之辭。案：「其聽」文義應作「共聽」，左傳云「共聽兩君之所欲成」是也。今依殿本改正。○阮元《校記甲》：共聽其入五刑之辭。「共」，岳本作「其」。岳本攷證云：應作「共聽」，左傳云「共聽兩君之所欲成」是也。

三十六葉十八行釋文　造。七報反。註同。　平「造」上有「兩」字,「同」作「司」。

三十七葉一行注　則正之於五刑。　○阮元《校記甲》:則正之於五刑。史記集解下有「矣」字。○《定本校記》:則正之於五刑。岩崎本、内野本、神宫本無「於」字。

三十七葉一行釋文　核。幸革反。　「核。幸革反」四字纂在孔傳「出金贖罪」下。

三十七葉三行釋文　應。應對之應。下同。　「應。應對之應。下同」七字纂在孔傳「從赦免」下。「應應」上平有「不」字。

三十七葉三行經　正于五過。　「于」,庫作「於」。

三十七葉四行注　從赦免。　○阮元《校記甲》:從赦免。史記集解下有「之」字。

三十七葉四行經　五過之疵。　「疵」,十作「疪」。

三十七葉五行注　或嘗同官位。　「嘗」,要作「常」。

三十七葉五行注　或詐反囚辭。　○《定本校記》:或詐反囚辭。岩崎本、内野本、神宫本無「囚」字,清原宣賢手鈔本引家本亦無。

三十七葉七行釋文　疵。才斯反。　「疵」,十作「疪」。

三十七葉七行釋文　來。馬本作求。云有求請賕也。　「來」上平有「惟」字。○阮元《校記甲》：惟來，有求請賕也。「賕」，葉本作「賅」字。按：葉本非也。

三十七葉七行經　其罪惟均。　「均」，纂、岳作「鈞」。○阮元《校記甲》：其罪惟均。「均」，岳本作「鈞」。○阮元《校記乙》：其罪惟均。岳本「均」作「鈞」。

三十七葉八行注　罪與犯法者同。　「與」，王作「与」。○山井鼎《考文》：罪與犯法者同。〔古本〕無「罪」字。○阮元《校記甲》：罪與犯法者同。古本無「罪」字。

三十七葉八行注　其當清察。　○物觀《補遺》：其當清察。〔古本〕「察」作「潔」。○阮元《校記甲》：其當清察，能使之不行。「察」，古本作「潔」。

三十七葉十行注　其當清察能得其理。　○山井鼎《考文》：能得其理。〔古本〕「理」作「所」。○盧文弨《拾補》：其當清察能得其理。古本「理」作「所」。○阮元《校記甲》：其當清察，能得其理。「理」，古本作「所」。按：史記集解亦作「理」。

三十七葉十一行注　惟察其貌。　「貌」，永作「皃」。

三十七葉十二行注　無簡核誠信。　○山井鼎《考文》：無簡核誠信。〔古本〕「誠信」上有「其」字。○阮元《校記甲》：無簡核誠信。「誠」上古本有「其」字。盧文弨云：古本非也。

三十七葉十三行注　不聽理其獄。　「其」，阮作「具」。○山井鼎《考文》：不聽理其獄。〔古本〕「理」作「治」。○盧文弨《拾補》：不聽理其獄。古本「理」作「治」。○阮元《校記甲》：不聽理其獄。「理」，古本、史記集解俱作「治」。○張鈞衡《校記》：不聽理其獄。阮本「其」作「具」。○《定本校記》：不聽理其獄。「理」，岩崎本、内野本、神宮本、足利本作「治」。

三十七葉十三行注　無輕用刑。　「無」，王作「无」。

三十七葉十四行注　刻其顙而涅之曰墨。　「涅」，要作「湼」。

三十七葉十五行注　黄鐵也。　「鐵」，要作「銕」。

三十七葉十五行注　閲實其罪。使與罰各相當。　「與」，王作「与」。「各」，八、李、平、岳作「名」。○山井鼎《考文》：使與罰各相當。〔古本〕「各」作「名」，宋板同。○盧文弨《拾補》：閲實其罪，使與罰名相當。毛本「名」作「各」。「各」當作「名」。○阮元《校記甲》：使與罰各相當。「各」，古、岳、宋板、史記集解俱作「名」，與疏合。按：纂傳已誤作「各」。○阮元《校記乙》：使與罰各相當。古本、岳本、宋板、史記集解「各」作「名」，與疏合。按：纂傳亦誤作「各」。

三十七葉十六行釋文　辟。婢亦反。　「辟」上平有「墨」字。

三十七葉十六行釋文　鍰。徐户關反。六兩也。鄭及爾雅同。○阮元《校記甲》：鍰，鄭及爾雅同。盧文弨云：「爾雅」當本是「小雅」，謂小爾雅也。

三十七葉十六行釋文　説文云六鋝也。鋝十一銖。平「六」作「云」，「一」作「二」。○浦鏜《正字》：説文云六鋝也云云。「六」，衍字。

三十七葉十六行釋文　二十五分銖之十三也。「銖」，阮作「述」。

三十七葉十七行釋文　馬同。又云。「同」，毛作「曰」。○山井鼎《考文》：馬曰又云。正誤「曰」當作「同」。物觀《補遺》：經典釋文「曰」作「同」。○浦鏜《正字》：馬同。「同」，毛本誤「白」。○阮元《校記甲》：馬同又云。盧文弨云：「同」，毛本誤作「曰」。

三十八葉一行注　刖足曰剕。「刖」，十作「則」。○山井鼎《考文》：刖足曰剕。〔古本〕下有「刑」字。○盧文弨《拾補》：刖足曰剕。古本「剕」下有「刑」字，與上文一例。○阮元《校記甲》：刖足曰剕。「剕」下古本有「刑」字。按：以上兩節傳例之，當有「刑」字。阮元《校記乙》同。○《定本校記》：刖足曰剕。「剕」下内野本、神宫本、足利本有「刑」字。

三十八葉二行注　爲五百鍰。「五百鍰」下王、纂、平、殿、庫有釋文「剕，扶謂反。倍差，測加反。下同。傳云五百鍰也。馬云：倍二百爲四百，差者又加四百之三分之一，凡五百三十三鍰三分鍰之一也。刖，音月，又五割反，絶也」五十八字。纂「測加反」下無「下同」二字，「月」作「日」，「割」作「罰」。平「倍二百」作「倍三百」，「三分之一」作「三分之二」。殿、庫「測加反」「測」作「側」，「三十三鍰」作「三十二鍰」。○山井鼎《考文》：[補脱]刖，音月，又五割反，絶也〔據經典釋文〕。[謹按]註刖足曰剕。○物觀《補遺》：[補脱]剕，扶謂反。倍差，側加反。下同。傳云五百鍰也。馬曰：倍二百爲四百，差者又加四百之三分之一，凡五百三十二鍰三分鍰之一也〔據經典釋文〕。○浦鏜《正字》：「剕，扶謂切。倍差，側加切。下同。馬云：倍二百爲四百，差者又加四百之三分之一，凡五百三十二鍰三分鍰之一也。刖，音月，又五割切，絶也」五十二字脱。○阮元《校記甲》：倍差，凡五百三十二鍰三分鍰之一也。「二」，葉本作「三」字。按：「三」是，「二」非。

三十八葉六行經　墨罰之屬千。　「千」，王作「十」。

三十八葉九行釋文　見。賢遍反。　「見」上平有「互」字。

三十八葉九行疏　「王曰至天威。○正義曰」至「即是無罪之人當赦之」。　○浦鏜《正字》：疏「王曰」至「當赦之」一千七百七十一字，當在上「無簡不聽」節傳下。○盧文弨《拾補》：王曰至天威。自此起至「即是無罪之人當赦之」止，當在「無簡不聽」傳下。官本已移正。

〇疏文「王曰至天威〇正義曰」至「即是無罪之人當赦之」，定本移至上文孔傳「無輕用刑」下。《定本校記》：王曰吁來。此節疏〔足利〕八行本在後文「五刑之屬三千」下，今從殿本、浦氏。

三十八葉十行疏　何所敬慎。　「何」，永作「可」。

三十八葉十二行疏　必令囚之與證。　「囚」，十、永、阮作「内」。〇阮元《校記甲》：必令囚之與證。「囚」，十行本誤作「内」。〇阮元《校記乙》：必令内之與證。毛本「内」作「囚」。按：「内」字誤。

三十八葉十四行疏　謂其取贖也。　「其取」，單、八、平作「取其」。

三十八葉十六行疏　其當清證審察。　「當」，十作「富」。〇盧文弨《拾補》：其當清證審察。「證」當作「徵」。楚辭九章云：「不清徵其然否。」洪慶善云：「徵，音澄。」此疑宋人避諱改。〇阮元《校記甲》：其當清證審察。盧文弨云：「證」當作「澄」。楚辭：「不清澂其然否。」下同。阮元《校記乙》同。

三十八葉十七行疏　或皆可刑。　「皆」，單、八、十、永、閩作「記」，阮作「記」。〇物觀《補遺》：或皆可刑。〔宋板〕「皆」作「記」。〇盧文弨《拾補》：或皆可刑。宋本、元本「皆」竝作「記」，疑是「説」誤。〇阮元《校記甲》：或皆可刑。「皆」，宋板、十行、閩本俱作「記」。

盧文弨云：作「記」非。○阮元《校記乙》：或記可刑。宋板、閩本同。毛本「記」作「皆」。

盧文弨云：作「記」非。○《定本校記》：或記可刑。「記」，監本改作「皆」。

三十九葉一行疏　皆當嚴敬天威。勿輕聽用刑也。「勿」上十、永、閩重「天威」二字。○阮元《校記甲》：皆當嚴敬天威，勿輕聽用刑也。「天威」二字十行、閩本俱誤重。○阮元《校記乙》：皆當嚴敬天威，天威勿輕聽用刑也。毛本「天威」二字不重。此誤重也。閩本誤同。

三十九葉二行疏　非當與主獄者。「主」，平作「王」。

三十九葉六行疏　觀其犯狀。「觀」，十、閩、阮作「覬」。○阮元《校記甲》：覬其犯狀。「觀」，十行、閩本俱誤作「覬」。○阮元《校記乙》：覬其犯狀。閩本同。毛本「覬」作「觀」。

案：「覬」字誤。○張鈞衡《校記》：觀其犯狀。阮本「觀」作「覬」。

三十九葉七行疏　將入五刑之辭。「辭」，要作「辟」。

三十九葉八行疏　正義曰。不簡核者。「核」，十作「㤥」。

三十九葉九行疏　謂覆審囚證之辭。「覆」上要無「謂」字。「辭」，平作「也」。

三十九葉九行疏　不與五刑書同。「同」，十作「司」。

三十九葉十行疏　令其出金贖刑。依準五刑。「贖刑」，單、八、平、要、十、永、阮作「贖罪」。

○物觀《補遺》：刑依準五刑。〔宋板〕上「刑」作「罪」。○盧文弨《拾補》：令其出金贖罪。

毛本「罪」作「刑」。「刑」當作「罪」。○阮元《校記甲》：令其出金贖刑。「刑」，宋板、十行俱作「罪」，是也。

三十九葉十一行疏　事涉疑似。　「涉」，單、八、平、要、十、永、閩、阮作「非」。○物觀《補遺》：事涉疑似如此者。〔宋板〕「涉」作「非」。○盧文弨《拾補》：或事涉疑似，旁無證見。或雖有證見，事非疑似。「非」，毛本作「涉」。宋本、元本皆作「非」，當從之。案：下「涉」字似可通，但唐律疏義亦云：「或事涉疑似，傍無證見。或傍有聞證，事非疑似。」疏云：「或傍有聞見之人，其事全非疑似。」然則宋本、元本作「非」，自不誤。○阮元《校記甲》：或雖有證見，事涉疑似。「涉」，宋板、十行、閩本俱作「非」。○阮元《校記乙》：或雖有證見，事非疑似。閩本同。毛本「非」作「涉」。○孫詒讓《校記》：「非」字是也，舜典疏亦作「非」。

三十九葉十二行疏　獄官重加簡核無服疑似之狀。　「服」，單、八、要作「復」。○物觀《補遺》：無服疑似之狀。〔宋板〕「服」作「復」。○盧文弨《拾補》：無復疑似之狀。毛本「復」作「服」。「服」當作「復」。○阮元《校記甲》：無服疑似之狀。「服」，宋板作「復」，是也。阮元《校記乙》同。

三十九葉十三行疏　有罪乃是過失。　「過」上要無「是」字。

三十九葉十五行疏　疵。病也。「疵」，阮作「疪」。

三十九葉十五行疏　此五過之所病。要「五」上無「此」字，「過」作「者」。

三十九葉十五行疏　致之五過而赦免之。「五」，要作「無」。

三十九葉十六行疏　故指言五過之疵於五刑五罰。「疵」，十、永、阮作「疪」。「罰」，平作「刑」。

三十九葉十六行疏　故不言五刑之疵。「疵」，阮作「疪」。

三十九葉十六行疏　五罰之疵。「疵」，阮作「疪」。

三十九葉十七行疏　損害王道。「損」，十、阮、閩作「捐」。○阮元《校記甲》：損害王道。閩本同。毛本「捐」作「損」，是也。○張鈞衡《校記》：可知損害王道。阮本「損」作「捐」，誤。「損」，十行、閩本俱作「捐」。○阮元《校記乙》：捐害王道。

三十九葉十七行疏　於政爲病。「政」，要作「正」。

三十九葉十八行疏　囚有親戚在官吏。「戚」，十、閩、阮作「戒」。○阮元《校記甲》：囚有親戒在官吏。閩本同。毛本「戒」作「戚」。○阮元《校記乙》：囚有親戚在官吏。「戚」，十行、閩本俱作「戒」。○張鈞衡《校記》：囚有親戚在官吏。阮本「戚」作「戒」。

四十葉一行疏　五事皆是枉法。　「事」，要作「者」。

四十葉一行疏　但枉法多是爲貨。　「但」，八、平作「但」。

四十葉三行疏　惟出人罪耳。　「耳」，單、八、要作「爾」。

四十葉四行疏　今律故出入者與同罪。而此是也。　「罪」下要有「也」字。「而」，單、八、平、殿、庫作「即」。○山井鼎《考文》：而此是也。〔宋板〕「而」作「即」。○浦鏜《正字》：今律故出入者與同罪，而此是也。「而」當「即」字誤。○盧文弨《拾補》：今律故出入者與同罪，即此是也。毛本「即」作「而」。「而」當作「即」。○阮元《校記甲》：而此是也。「而」，宋板作「即」。阮元《校記乙》同。

四十葉六行疏　眚災肆赦。　「眚」，八、閩、庫作「眚」。

四十葉八行疏　凡執禁以齊衆者不赦過。　○浦鏜《正字》：凡執禁以齊衆者不赦過。禮記無「者」字。○盧文弨《拾補》：凡執禁以齊衆不赦過。毛本「衆」下衍「者」字。

四十葉九行疏　正於五過者。　「過」下平無「者」字。

四十葉九行疏　五過皆當罪之也。　「皆」上平無「五過」二字。

四十葉十行疏　謂之祥刑。　「祥」，十作「常」。

四十葉十二行疏　今律和合御藥誤不如本方。　「和合」，單、八作「合和」。○山井鼎《考文》：今律和合御藥。〔宋板〕「和合」作「合和」。謹按見于唐律十惡之條，作「合和」爲是。○盧文弨《拾補》：今律合和御藥誤不如本方。毛本「合和」作「和合」，依宋本乙。考文云：見唐律十惡之條，作「合和」是。○阮元《校記甲》：今律和合御藥。「和合」二字宋板倒。山井鼎曰：見于唐律十惡之條，作「合和」爲是。阮元《校記乙》同。

四十葉十二行疏　乏軍興者斬。　「乏」，十作「之」。「興」，平作「典」。

四十葉十三行疏　故失等皆是不赦過也。　○浦鏜《正字》：故失等皆是不赦過也。「故失」疑「凡此」誤。○盧文弨《拾補》：故失等皆是不赦過也。「故失」，浦疑當作「凡此」。

四十葉十三行疏　或以爲可赦。　「以爲可」，單、八、平、十、永、閩、阮作「可以爲」。○阮元《校記甲》：或以爲可赦。十行、閩本俱誤作「或可以爲赦」。○阮元《校記乙》：或可以爲赦。閩本同。毛本作「或以爲可赦」。案：所改是也。○《定本校記》：或可以爲赦。監本改作「或以爲可赦」。

四十葉十五行疏　不直則赧然。　「赧」，單、平作「𧹞」。

四十葉十六行疏　視不直則毦然。　「毦」，單、八、要、閩作「眊」。

四十一葉一行疏　顙。頷也。　「頷」，八、平、要、殿作「額」。

四十一葉一行疏　鄭玄周禮注云。　「注」上要無「周禮」二字。

四十一葉二行疏　言刻頷爲瘡。　「頷」，八、平、永、殿作「額」。

四十一葉二行疏　以墨塞瘡孔。　「孔」，平作「不」。

四十一葉三行疏　考工記云。戈矛重三鋝。　○浦鏜《正字》：考工記云：戈矛重三鋝。「戈矛」當作「戈戟」。○盧文弨《拾補》：考工記云：戈矛重三鋝。「戈矛」，浦云當作「矛戟」。○孫詒讓《校記》：「矛」，當作「戟」。

四十一葉三行疏　俗儒云。鋝六兩爲一川。不知所出耳。　○浦鏜《正字》：俗儒云：鋝六兩爲一川。不知所出耳。「爲一」以下八字疑誤衍。○盧文弨《拾補》：俗儒云：鋝六兩爲一川。不知所出耳。「爲一川不知所出耳」八字或疑衍。文弨案：漢書食貨志：「黄金八兩爲一流。」則此以「六兩爲一川」，語意正相似，不可謂衍。

四十一葉四行疏　今代東萊稱。或以太半兩爲鈞。　「太」，殿、庫作「大」。○浦鏜《正字》：今代東萊稱，或以太半兩爲鈞。凡數三分有二曰太半。

四十一葉四行疏　鍰重六兩太半兩。　「太」，殿、庫作「大」。

四十一葉四行疏　或有存行之者。　○浦鏜《正字》：或有存行之者。疑。

四十一葉六行疏　惟校十六銖爾。　「校」，毛、阮作「挍」。

四十一葉六行疏　此言黄鐵者。　「鐵」，平作「金」。

四十一葉六行疏　摠號爲金。　「摠」，八、要、毛、殿、庫作「總」。

四十一葉六行疏　今別之以爲四名。　「令」，庫作「令」。

四十一葉八行疏　檢閱核實其所犯之罪。　「檢」，毛、殿、庫、阮作「撿」。

四十一葉八行疏　然後收取其贖。　「贖」下要有雙行小字「詳見舜典」。

四十一葉九行疏　正義曰。釋詁云。剕刖也。　「詁」，單、八作「言」。○山井鼎《考文》：釋詁云：剕，刖也。〔宋板〕「詁」作「言」。○浦鏜《正字》：釋言云：剕，刖也。「言」誤「詁」。「剕」，爾雅作「跳」。○盧文弨《拾補》：釋言云：剕，刖也。毛本「言」作「詁」。「詁」當作「言」。浦云：爾雅「剕」作「跳」。○阮元《校記甲》：正義曰釋詁云。「詁」，宋板作「言」。按：「言」字不誤。○阮元《校記乙》：正義曰釋詁云。宋板「詁」作「言」。按：「言」字不誤。○孫詒讓《校記》：「釋詁」當作「釋言」。「剕」，郭本作「跳」，釋文或作「剕」。説文足部自有「跀」字，訓斷足。「刖」乃假借字。

四十一葉十一行疏　截鼻重於黥額。　「額」，八、平、永、殿作「頟」。

四十一葉十一行疏　相校猶少。「校」，毛作「挍」。

四十一葉十二行疏　所校則多。「校」，毛作「挍」。

四十一葉十三行疏　與椓去其陰。「椓」，平、十、永、殿作「椓」。

四十一葉十五行疏　楚子以羊舌肸爲司宮。「肸」，單作「肸」，八作「肸」，平作「肹」，要作「肝」，十作「則」。

四十一葉十五行疏　男子十五以下不應死者皆宮之。「以」，單、八、平、永、阮作「巳」。

四十一葉十六行疏　大隋開皇之初。始除男子宮刑。○浦鏜《正字》：大隋開皇之初，始除男子宮刑。案：王氏應麟云：案通鑑西魏大統十三年三月除宮刑，非隋也。○盧文弨《拾補》：大隋開皇之初，始除男子宮刑。案：王應麟云：通鑑西魏大統十三年三月除宮刑，非隋也。

四十一葉十八行疏　故謂死罪爲大辟。「罪」，單、八、平、十、永、阮作「刑」。○物觀《補遺》：故謂死罪爲大辟。〔宋板〕「罪」作「刑」。○盧文弨《拾補》：故謂死刑爲大辟。毛本「刑」作「罪」。「罪」當作「刑」。○阮元《校記甲》：故謂死罪爲大辟。「罪」，宋板、十行俱作「刑」，是也。

四十一葉十八行疏　不令死疑入宮。　「令」，單、八、平、十、永、閩、阮作「合」。○物觀《補遺》：相因不令。〔宋板〕「令」作「合」。○阮元《校記甲》：不令死疑入宮。「令」，宋板、十行、閩本俱作「合」。○《定本校記》：不合死疑入宮。「合」，監本改作「令」。

四十二葉二行疏　正義曰。此經歷言一百三百五百者。　「一」，單、八、平、要、十、永、閩、殿、庫、阮作「二」。○山井鼎《考文》：此經歷言一百三百五百。謹按正、嘉二本作「二百三百五百」，似是。宋板「二百二百五百」，似重複也。○浦鏜《正字》：此經歷言二百三百云云。「二」誤「一」。○盧文弨《拾補》：此經歷言二百三百五百者。毛本「二」作「一」。「一」當作「二」。○阮元《校記甲》：此經歷言一百三百五百者。山井鼎曰：正、嘉二本作「二百三百五百」，似是。宋板「二百二百五百」，似重複也。按：十行、閩本俱與正、嘉同。○阮元《校記乙》：此經歷言二百三百五百者。山井鼎曰正、嘉二本同。閩本同。宋本「三百」作「二百」。毛本「二百」作「一百」。案：宋本「二百」似複衍。毛本「一百」亦疑誤。

四十二葉二行疏　各是刑之條也。　「是」，庫作「自」。

四十二葉三行疏　但摠云三千。　「摠」，要、毛、殿、庫作「總」。

四十二葉四行疏　大辟之罰。　「罰」，要作「屬」。

四十二葉四行疏　其屬二百。「屬」，要作「罰」。「二」，閩作「一」。

四十二葉六行注　無聽僭亂之辭以自疑。「無」，王作「无」。

四十二葉七行釋文　僭。子念反。「僭」上平有「無」字。

四十二葉八行注　附以法理。「附」，纂作「刑」。○阮元《校記甲》：附以法理。「附」，纂傳誤作「刑」。

四十二葉九行注　重刑有可以虧減。「虧」，永作「虧」。

四十二葉九行注　則之輕服下罪。○物觀《補遺》：輕服下罪。〔古本〕「輕」作「惟」。○阮元《校記甲》：則之輕服下罪。「輕」，古本作「惟」，誤。

四十二葉十一行釋文　并。必政反。○阮元《校記甲》：并，必致反。「致」，葉本、十行本、毛本俱作「政」，是也。

四十二葉十一行釋文　數。色住反。「住」，王作「任」。

四十二葉十四行注　有要善。「善」，纂、岳作「義」。○阮元《校記甲》：有要善。「善」，岳本、纂傳俱作「義」，與疏不合，俟攷。○阮元《校記乙》：有要善。岳本、纂傳「善」作「義」，與疏不合，俟攷。

四十二葉十五行疏　此僭亂之辭。言不可行也。　○《定本校記》：此僭亂之辭。言不可行也。「辭言」二字，疑衍其一。

四十三葉一行疏　行罰者。所以齊非齊者。　「行」，殿、庫作「刑」。○浦鏜《正字》：刑罰者，所以齊非齊者。「刑」誤「行」。○盧文弨《拾補》：刑罰者，所以齊非齊者。毛本「刑」作「行」。「行」當作「刑」。○《定本校記》：行罰者，所以齊非齊者。「行」，殿本、浦氏改作「刑」。

四十三葉一行疏　戒令審量之。　「令」下要無「審量之」三字。

四十三葉二行疏　正義曰。罪條雖有多數。　「正」，十作「王」。

四十三葉二行疏　上下比方其罪之輕重。　「上」，十作「二」。

四十三葉三行疏　獄官不可盡賢。　「可」，殿、庫作「能」。○浦鏜《正字》：獄官不可盡賢。「可」疑「必」字誤。○盧文弨《拾補》：獄官不可盡賢。浦云：「可」疑「必」字誤。官本改作「能」。

四十三葉三行疏　其間或有阿曲。　「間」，單作「閒」。

四十三葉五行疏　則應兩罪俱治。　「俱」上要無「罪」字。

四十三葉八行疏　輕賦亦備。　「輕賦」，要作「賦輕」。

四十三葉八行疏　案經既言下刑適重上服。　「案」下庫無「經」字。

四十三葉九行疏　何得爲輕賦亦備。　「爲」，單、八、要作「云」。○山井鼎《考文》：何得爲輕賦亦備。〔宋板〕「爲」作「云」。○盧文弨《拾補》：何得云輕賦亦備。毛本「云」作「爲」。「爲」當作「云」。○阮元《校記甲》：何得爲輕賦亦備。「爲」，宋板作「云」。

四十三葉九行疏　輕罪應居作官當者。　「罪」，十、阮作「重」。○阮元《校記甲》：輕罪應居作官當者。「罪」，十行本誤作「重」。○阮元《校記乙》：輕重應居（作）官當者。毛本「重」作「罪」。案：「重」字誤。

四十三葉九行疏　此即是下可適重之條。　「可」，單、八、平、要、十、永、閩、殿、庫、阮作「刑」。○物觀《補遺》：此即是下可。〔宋板〕「可」作「刑」。○盧文弨《拾補》：此即是下刑適重之條。毛本「刑」作「可」。「可」當作「刑」。○阮元《校記甲》：此即是下可適重之條。「可」，宋板、十行、閩本俱作「刑」。按：「可」字非也。

四十三葉十一行疏　刑亂國。　「亂」，八作「乱」。

四十三葉十二行疏　爲其民未習於教也。　「未」，八作「末」。

四十三葉十五行注　欲使惡人極于病苦。　「于」，八、李、纂、平、岳作「於」。○山井鼎《考文》：極于病苦。〔古本〕「于」作「於」，宋板同。○盧文弨《拾補》：欲使惡人極於病苦。毛本「於」作「于」。「于」當作「於」。

四十三葉十五行注　莫敢犯者。　○《定本校記》：莫敢犯者。岩崎本、内野本、神宫本無「者」字。

四十三葉十六行注　無不在中正。　「無」，王作「无」。○山井鼎《考文》：無不在中正。〔古本〕作「無非在其中正」。○盧文弨《拾補》：無不在中正。古本「不」作「非」，「在」下有「其」字。○阮元《校記甲》：無不在中正。古本作「無非在其中正」。○《定本校記》：無不在中正。「不」，岩崎本、内野本、神宫本、足利本作「非」。「中」上内野本、神宫本、足利本有「其」字，清原宣賢手鈔本引家本亦有。

四十三葉十八行注　非從其僞辭。　「僞」，纂作「爲」。

四十三葉十八行經　哀敬折獄。　○殿本《考證》：哀敬折獄。王應麟曰：大傳作「哀矜哲獄」。漢書于定國傳作「哀鰥哲獄」。○岳本《考證》：哀敬折獄。案：王應麟曰：大傳作「哀矜哲獄」。漢書于定國傳作「哀鰥哲獄」。

四十三葉十八行經　明啓刑書胥占。「胥」，永作「胥」。

四十四葉一行注　當憐下人之犯法。○山井鼎《考文》：當憐下人之犯法。〔古本〕「人」作「民」。○盧文弨《拾補》：當憐下人之犯法。古本「人」作「民」。○阮元《校記甲》：當憐下人之犯法。「人」，古本作「民」。○《定本校記》：當憐下民之犯法。岩崎本、内野本、神宮本、足利本如此，清原宣賢手鈔本引家本亦然。注疏本「民」作「人」，與疏不合。

四十四葉一行注　敬斷獄之害人。「獄」，閩作「獄」。

四十四葉二行注　相與占之。「與」，王作「与」。

四十四葉二行注　使刑當其罪。○物觀《補遺》：使刑當其罪。〔古本〕「罪」作「罰」。○阮元《校記甲》：使刑當其罪。「罪」，古本作「罰」。○《定本校記》：使刑當其罪。岩崎本、神宮本無「其」字。

四十四葉二行注　皆庶幾必得中正之道。「必」，要作「以」。

四十四葉三行釋文　當。丁浪反。「當」上平有「刑」字。

四十四葉四行注　其當詳審能之。「能」下王有一字空白，纂、要有「行」字。○阮元《校記甲》：其當詳審能之。「能」下纂傳有「行」字。○《定本校記》：其當詳審能之。岩崎本、内野本、神宮本無「詳」字，清原宣賢手鈔本引家本亦無。

四十四葉四行注　無失中正。　「無」，王作「无」。○《定本校記》：無失中正。岩崎本、内野本、神宮本無「正」字，清原宣賢手鈔本引家本亦無。

四十四葉五行注　謂上其鞫劾文辭。　「鞫」，八作「鞠」。「文」，要作「之」。○山井鼎《考文》：謂上其鞫劾文辭。〔古本〕「鞫」作「鞠」，宋板同。○岳本《考證》：謂上其鞠劾文辭。「鞠」，殿本、諸本並作「鞫」。案：説文「窮理罪人曰鞫」，然則中應從言爲是，今据改。○盧文弨《拾補》：謂上其鞠劾文辭。毛本「鞠」作「鞫」。「鞫」當作「鞠」。○阮元《校記甲》：謂上其鞫劾文辭。「鞫」，古、岳、宋板俱作「鞠」。岳本考證云：説文「窮理罪人曰鞫」，中應從言爲是。○阮元《校記乙》：謂上其鞫劾文辭。古本、岳本、宋板「鞫」作「鞠」。岳本考證云：説文「窮理罪人曰鞫」，中應從言爲是。

四十四葉五行釋文　鞫。九六反。　「鞫」，王、纂、平、十作「鞠」。

四十四葉六行釋文　劾。亥代反。玉篇胡得反。　平「劾」作「刻」，「得」作「待」。○阮元《校記甲》：「劾」，葉本作「刻」，非也。

四十四葉六行經　其刑上備。有并兩刑。　○孫詒讓《校記》：「備」當讀爲「服」。

四十四葉七行注　皆當備具。　「備具」，要作「具備」。

四十四葉八行疏　欲使惡人極於病苦。　「苦」，十、阮作「若」。○張鈞衡《校記》：極於病苦。阮本「苦」作「若」，誤。

四十四葉九行疏　惟良善之人。　「良」，閩作「艮」。

四十四葉十行疏　當哀憐之。下民之犯法。　「憐」下單、八無「之」字。○山井鼎《考文》：當哀憐之，下民之犯法。〔宋板〕無上「之」字。○浦鏜《正字》：當哀憐之，下民之犯法。上「之」字當衍文。○盧文弨《拾補》：當哀憐下民之犯法。毛本「憐」下衍「之」字。○阮元《校記甲》：當哀憐之，下民之犯法。宋板「憐」下無「之」字。阮元《校記乙》同。

四十四葉十行疏　勿得輕耳斷之。○盧文弨《拾補》：勿得輕耳斷之。「耳」、「爾」同，六字爲一句。

四十四葉十一行疏　皆庶幾得中正之道。　「庶」，阮作「無」。

四十四葉十一行疏　其斷獄成辭。　「其」，十作「而」。

四十四葉十五行疏　斷者不可復續。○盧文弨《拾補》：斷者不可復續。漢書「斷」作「𢇍」，古「絶」字。

四十四葉十六行疏　令人之所犯。　「令」，單、八作「今」。○山井鼎《考文》：令人之所犯。〔宋板〕「令」作「今」。○盧文弨《拾補》：今人之所犯，不必當條。毛本「今」作「令」。「令」

當作「今」。○阮元《校記甲》：令人之所犯。「令」，宋板作「今」。

四十四葉十六行疏　須探測刑書之意。「探」，要作「操」。

四十四葉十七行疏　皆庶幾必得中正之道。「得」，要作「待」。

四十四葉十八行疏　彼鑄刑書以宣示百姓。「宣」，單作「宜」，閩作「宜」。

四十四葉十八行疏　故云。臨事時宜。「時」，單、八、平、要作「制」。○山井鼎《考文》：故云，臨事時宜。〔宋板〕「時」作「制」。○盧文弨《拾補》：故云，臨事制宜。毛本「制」作「時」。「時」當作「制」。○阮元《校記甲》：故云，臨事時宜。「時」，宋板作「制」。按：「時」字非也。○阮元《校記乙》：故云，臨事時宜。宋板「時」作「制」。按：「時」字非也。

四十五葉一行疏　不相違也。「違」下單、八、平、要無「也」字。○物觀《補遺》：不相違也。〔宋板〕無「也」字。○阮元《校記甲》：不相違也。宋板無「也」字。

四十五葉三行疏　漢世問罪謂之鞫。平「問」作「間」，「鞫」作「鞠」。

四十五葉三行疏　斷獄謂之劾。「劾」，單作「刻」。

四十五葉三行疏　謂上其鞫劾文辭也。「鞫」，平作「鞠」。「劾」，單作「刻」，平作「効」。○浦鏜《正字》：謂上其鞫劾文辭也。上疑脱「故云」二字。○盧文弨《拾補》：謂上其鞫劾文辭也。浦云：上疑脱「故云」二字。

四十五葉四行疏　若今曹司寫案申尚書省也。「申」，十作「中」。

四十五葉五行疏　亦并具上之。八「并」作「骿」，「上」上無「具」字。「亦」下要無「并」字。

四十五葉五行疏　王或時以下刑爲重。改下之上。「爲」下要無「重改下之」四字。「之」，單、八、平、十、永、阮作「爲」。○山井鼎《考文》：改下之上。〔宋板〕「之」作「爲」。○盧文弨《拾補》：王或時以下刑爲重，改下爲上。毛本下「爲」作「之」。「之」當作「爲」。○阮元《校記甲》：改下之上。「之」，宋板、十行俱作「爲」。按：「之」字非也。

四十五葉七行注　族。同族。○《定本校記》：族，同族。下「族」字，岩崎本作「姓」。

四十五葉七行注　姓。異姓也。○《定本校記》：姓，異姓也。内野本、神宫本無「也」字。

四十五葉八行釋文　儆。音景。「儆」上平有「以」字。

四十五葉八行注　我敬於刑。○物觀《補遺》：我敬於刑。〔古本〕「敬」作「儆」。○阮元《校記甲》：我敬於刑。「敬」，古本作「儆」。

四十五葉十一行注　單辭特難聽。「單」下要無「辭」字。

四十五葉十一行釋文　相。如字。馬息亮反。助也。「相」上平有「天」字。「息」，纂作「悉」。「亮」，殿、庫作「浪」。

四十五葉十三行注　由典獄之無不以中正聽獄之兩辭。　「由典獄之」下平有「官」字。「無」，王作「无」。○《定本校記》：由典獄之無不以中正聽獄之兩辭。岩崎本、内野本、神宫本無上「之」字。

四十五葉十四行釋文　治。直吏反。　釋文「治，直吏反」纂在上釋文「相，如字，馬息亮反，助也」下。

四十五葉十四行經　無或私家于獄之兩辭。　○《定本校記》：無或私家于獄之兩辭。岩崎本、内野本、神宫本無「私」字。

四十五葉十四行注　典獄無敢有受貨聽詐。　「無」，王作「无」。

四十五葉十五行注　成私家於獄之兩辭。　「成」，要作「或」。

四十五葉十八行注　當長畏懼惟爲天所罰。　○《定本校記》：當長畏懼惟爲天所罰。岩崎本、内野本、神宫本無「懼」字，清原宣賢手鈔本引家本亦無。

四十六葉三行釋文　令，力呈反。　「令」下平有「衆上」二字。

四十六葉四行疏　當刑命有德者。　「刑」，單、八、平、殿、庫作「敬」。○盧文弨《拾補》：當刑命有德者。「刑」字衍，官本改作「敬」。

四十六葉五行疏　**承天之意。**　「承」，單作「丞」。

四十六葉七行疏　**言汝身多違。則不達虛言。戒行急惡。疏非虛論矣。**　○殿本《考證》：言汝身多違，則不達虛言，戒行急惡。疏非虛論矣。數句不可解，疑有脱誤，各本並同，仍之。○浦鏜《正字》：言汝身多違，則不達虛言，戒行急惡，疏非虛論矣。一十九字當誤衍。○盧文弨《拾補》：言汝身多違，則不達虛言，戒行急惡，疏非虛論矣。此十九字誤衍。○阮元《校記甲》：言汝身多違，則不達虛言，戒行急惡，疏非虛論矣。浦鏜云：一十九字當誤衍。盧文弨云：删此十九字，義無不足，定是衍文無疑。按：此數句疑是他節疏文誤入于此，而又多誤字，遂不可解。阮元《校記乙》同。○《定本校記》：言汝身多違，則不達虛言。戒行急惡，疏非虛論矣。多聚罪。「多違」至「論矣」十六字疑衍。

四十六葉十四行疏　**而天不自治。**　「天」，平作「民」。

四十六葉十五行疏　**當承天意治民。**　「承」，要作「成」。

四十六葉十五行疏　**單辭。謂一人獨言。**　「謂」上永無「單辭」二字。

四十六葉十六行疏　**單辭特難聽。**　「特」，平作「惟」。

四十六葉十七行疏　**聞於天下。**　「天」上平無「於」字。

四十七葉三行疏　獄官致富成私家。　「官」，要作「者」。

四十七葉四行疏　惟最聚近罪之事。　「最」，單、八、平、要作「是」。○山井鼎《考文》：惟最聚近罪之事爾。〔宋板〕「最」作「是」。○盧文弨《拾補》：惟是聚近罪之事爾。毛本「是」作「最」。「最」當作「是」。○阮元《校記甲》：惟最聚近罪之事爾。「最」，宋板作「是」。○阮元《校記乙》：惟最聚近罪之事爾。宋板「最」作「是」。

四十七葉五行疏　爾罪多。　「爾」，要作「耳」。

四十七葉五行疏　其報則以衆人見罪也。　「也」下要重「衆人見罪也」五字。

四十七葉五行疏　衆人見罪者多。　「者」，要作「也」。

四十七葉六行疏　故下句戒令畏天罰之。　「之」，單、八、平作「也」。○山井鼎《考文》：故下句戒令畏天罰之。〔宋板〕「之」作「也」。○盧文弨《拾補》：故下句戒令畏天罰也。毛本「也」作「之」。「之」當作「也」。○阮元《校記甲》：故下句戒令畏天罰之。「之」，宋板作「也」，是也。○阮元《校記乙》：故下句戒令畏天罰之。宋板「之」作「也」，是也。

四十七葉十行經　尚明聽之哉。　○阮元《校記甲》：尚明聽之哉。「聽」，葛本誤作「德」。○阮元《校記乙》：尚明聽之哉。葛本「聽」誤作「德」。

四十七葉十二行注　庶幾明聽我言而行之哉。「行」，平作「得」。

四十七葉十三行經　無疆之辭。「疆」，要作「彊」。

四十七葉十四行注　乃有無窮之善辭。「無」，王作「无」。

四十七葉十四行注　名聞於後世。○《定本校記》：名聞於後世。岩崎本、内野本無「於」字。

四十七葉十四行注　以其折獄屬五常之中正。○《定本校記》：以其折獄屬五常之中正。「屬」下内野本、神宮本、足利本有「于」字。

四十七葉十五行注　所以然也。○《定本校記》：所以然。「然」下岩崎本、注疏本有「也」字，足利本有「者」字，内野本、神宮本有「者也」二字，與疏標題不合，今删。

四十七葉十六行注　有邦有土。「土」，十作「士」。

四十七葉十七行注　爲無疆之辭。「無」，王作「无」。

四十八葉三行疏　汝有邦有土之君。「土」，十作「士」，閩作「上」。

四十八葉三行疏　使有無窮之美譽。「有」，平作「行」。

四十八葉四行疏　言智至以然。「以然」，平作「然也」。

四十八葉四行疏　謂屬著也。「著」，永作「者」。

四十八葉六行疏　知是五常也。「知」下單、八無「是」字。○物觀《補遺》：知是五常也。〔宋板〕無「是」。○盧文弨《拾補》：故知是五常也。毛本脱「故」，當有。○阮元《校記甲》：知是五常也。宋板無「是」字。

尚書註疏卷第二十　漢孔氏傳　唐孔穎達疏

皇明朝列大夫國子監祭酒臣田一儁

司業臣王祖嫡等奉

勑重校刊

文侯之命第三十

周書

平王錫晉文侯秬鬯圭瓚。傳以圭爲杓柄謂之圭瓚。○平王。馬無平字。錫，星歷反。馬本作賜。秬，音巨。鬯，勑亮反。瓚，才但反。杓，上灼反。柄，彼病反。作文侯之命。傳所以名篇。幽王爲犬戎所殺，平王立而東遷洛邑。晉文侯迎送安定之。故錫命焉。

文侯之命

傳 平王命爲侯伯。

疏 平王至之命○正義曰。幽王嬖褒姒。廢申后。逐太子宜臼。宜臼奔申。申侯與犬戎旣殺幽王。晉文侯與鄭武公迎宜臼立之。是爲平王。遷於東都。平王乃以文侯爲方伯。賜其秬鬯之酒以圭瓚副焉。作策書命之。史錄其策書。作文侯之命。○傳以圭至圭瓚○正義曰。祭之初。酌鬱鬯之酒以灌尸。圭瓚者。酌鬱鬯之杓。杓下有槃。瓚卽槃之名也。是以圭爲杓之柄。故謂之圭瓚。周禮典瑞云。祼圭有瓚。以肆先王。以祼賓客。鄭司農云。於圭頭爲器。可以挹鬯祼祭。祼之瓚。以肆先王。灌先王祭也。鄭玄云。肆解牲體以祭。因以爲名。爵行曰祼。漢禮。瓚槃大五升。口徑八寸。下有槃。口徑一尺。詩云。瑟彼玉瓚。黃流在中。毛傳云。玉瓚。圭瓚也。黃金所以飾流。鬯也。鄭云。黃流。秬鬯也。圭瓚之狀。以圭爲柄。黃金爲勺。

青金爲外。朱中央。是説圭瓚之形狀也。禮無明文。而知其然者。祭統云。君執圭瓚祼尸。大宗執璋瓚亞祼。鄭云。圭瓚璋瓚。祼器也。以圭璋爲柄。酌鬱鬯曰祼。然則圭瓚璋瓚。惟柄以圭璋爲異。其瓚形則同。考工記玉人云。祼圭尺有二寸。有瓚以祀廟。大璋中璋九寸。邊璋七寸。厚寸。黄金勺。青金外。朱中。鼻寸。鄭云。鼻勺流也。凡流皆爲龍口也。三璋之勺。形如圭瓚。是鄭以璋形如此。知圭瓚亦然。毛傳又云。九命然後錫以秬鬯圭瓚。則晉文侯於時九命。爲東西大伯。故得受此賜也。秬鬯從經爲傳。故此惟解圭瓚。○傳所以至命焉。○正義曰。周本紀云。幽王嬖褒姒。褒姒生子伯服。幽王廢申后。幷去太子。用褒姒爲后。伯服爲太子。申侯怒。乃與西夷犬戎共攻殺幽王。於是諸侯乃與申侯共立太子宜臼。是爲平王。東徙於洛邑。避戎寇。隱六年左傳。周桓公言於王曰。我周之東遷。晉鄭焉依。鄭語云。晉文侯於是乎定天子。是迎送安定之。故平王錫命焉。

○傳平王命爲侯伯。○正義曰：伯，長也。諸侯之長謂之伯也。僖元年左傳云：「凡侯伯救患分災討罪，禮也。」是謂諸侯之長爲侯伯。王肅云：「幽王既滅，平王東遷，晉文侯、鄭武公夾輔王室者爲大國，功重，故平王命爲侯伯。」

王若曰：父義和。傳順其功而命之。文侯同姓，故稱曰父。義和，字也。稱父者非一人，故以字別之。○義和，馬云：能以義和諸侯。義本作誼。別，彼列反。

丕顯文武，克慎明德。傳大明乎文王、武王之道，能詳慎顯用有德。

昭升于上，敷聞在下，惟時上帝集厥命于文王。傳更述文王所以王也。言文王聖德明升于天，而布聞在下居。惟以是故，上天集成其王命。德流子孫。○聞，音問。王，于況反。**亦惟先正克左右昭事厥辟。**傳言君既聖明，亦惟先正官賢臣，能左右明事其君。所以然。○辟，必亦反。**越小大謀猷罔不率從，肆先祖懷在位。**傳文王君聖臣良，於小大所謀道德，天下無不循從其化，故我後世先祖歸在王位。

疏王若至在位。○正義曰：平王順文侯之功，親之，敬而呼其字曰：父義和。既呼其字，乃告以上世之事，大明乎文王武王之道，能詳慎顯用有德之人以爲大臣。文王之爲王也，聖德明升於天。言其道至天也。又布聞於在下。言其德被民也。惟以是故，上天成其大命於文王，使之身爲天子。澤流後世。文武聖明如此，亦惟先世長官之臣，能左右明事其君。君聖臣賢之故，於小大所謀道德，天下無有不循從其化，故我之先祖文武之後諸王，皆得歸在王位。言先世聖王得賢臣之力。將說已無賢臣。故言此也。○傳順其至別之。○正義曰。覲禮說天子呼諸侯之義。同姓大國則曰伯父。其異姓則曰伯舅。同姓小國則曰叔父。其異姓則曰叔舅。鄭玄禮注云。稱之以父與舅。親親之辭。晉文侯唐叔之後。與王同姓。故稱曰父。曲禮。天子謂二伯爲伯父伯舅。計文侯爲侯伯。天子當呼爲伯父。此不云伯而直稱父者。尤親之也。左傳以文侯名仇。今呼曰義和。知是字也。天子於同姓諸侯皆呼爲父。稱父者非一人。若不稱其字。無以知是文侯。故以字别之。鄭玄讀義爲儀。儀仇皆訓匹也。故名仇字儀。古人名字不可皆令相配。不必然也。○傳文王至王位。○正義曰。後世先祖。謂文武之後。在今王之先祖。成康以至宣幽皆是也。懷歸也。歸在王位者。王位是其所有也。若歸向家然。故稱歸也。

嗚呼。閔予小子。嗣造天丕愆。

○傳歎而自痛傷也。言我小子而遭天大罪過。父死國敗。祖業隤隕。○予如字。

又音與。徑。去虞反。隤。杜回反。隕。于敏反。殄資澤于下民。侵戎我國家純。傳言周邦喪亂。絕其資用惠澤於下民。侵兵傷我國。及卿大夫之家。禍甚大。○殄。大見反。既我御事罔或耆壽俊在厥服。予則罔克。傳所以遇禍。即我治事之臣。無有耆宿壽考俊德在其服位。我則材劣無能之致。

疏嗚呼至罔克。○正義曰。王又歎而自傷。嗚呼。疲病者是我小子。繼嗣先王之位。遭天大罪過於我周家。父死國敗。傾覆祖業。致使周邦喪亂。絕其資用惠澤於下民。言下民資用盡。致使而王澤竭也。西夷犬戎侵兵傷我國。及卿大夫之家。其禍亦甚大也。所以遇此禍者。即我治事之臣。無有耆宿壽考俊德之人。在其服位。我則材弱無能之致。自恨已弱。不能致得賢臣。恐又不能自立也。○傳言周至甚大。○正義曰。此經所言。追敍幽王滅事。民不自治。立君以養之。民之貧用。是王者佑助以得之。言周邦喪亂。不能撫佑下民。貧絶其資用惠澤於下民也。幽王之滅。由夷狄交侵。兵傷我國。及卿大夫之家。其禍甚大。諸言國家者。皆謂國爲國家。傳意欲見君臣俱被其害。故以家爲卿大夫之家。王肅云。遭天之大愆。謂幽王爲犬戎所殺。殄絶其先祖之澤於下民。侵犯兵寇。傷我國家甚大。謂犬戎也。○傳所以至之致。○正義曰。此經亦是追敍往事。言幽王所以過禍者。卽我周家治事之臣。無有耆宿壽考俊德之人。在其服位。致使有犬戎之禍。亦是我材劣無能之致。幽王之時。平王被逐在外。國之興亡。非平王所知。言我無能之致者。引過歸己。自懼將來復然。故下句思得賢臣。

曰惟祖惟父其伊恤朕躬。嗚呼。有績予一人求綏在位。傳王曰。同姓諸侯。在我惟祖惟父列者。其惟當憂念我身。嗚呼。能有成功。則我一人長安在王位。言侍諸侯。父義和。汝克紹乃顯祖。傳 重稱字。親之。不稱名。尊之。言汝能明汝顯祖唐叔之道。奬之。汝肇刑文武用會紹乃辟。追孝于前文人。傳 言汝今始法文武之道矣。當用是道合會繼汝君以善。使追孝於前文德之人。汝君。平王自謂也。繼先祖之志爲孝。○辟。扶亦反。汝多修扞我于艱若汝予嘉。傳 戰功曰多。言汝之功多甚修矣。乃扞我於艱難。謂救周誅犬戎。汝功我所善之。○扞。下旦反。註同。疏 曰惟至予嘉 ○ 正義曰。王又言我以無能之致。私爲言曰。同姓諸侯。惟我祖之列者。惟我父之列者。其惟當憂念我身。又自傷歎。嗚呼。此諸侯等。若有能助我有功。則我一人長安在王位。言已無能。惟恃賴諸侯也。又呼文侯字曰。父義和。汝能明汝顯祖唐叔之道。汝始法文武之道。用是道合會繼汝君以善。追孝於前世文德之人。救周之國。汝功爲多甚修矣。乃能扞蔽我於艱難。謂救周誅犬戎也。如汝之功。是我所善。陳其前功以勸勉之。○傳王曰至諸侯○正義曰。文侯是同姓諸侯。王言已未得文侯之時。常望同姓助已。王私爲言曰。同姓諸侯。在我惟祖惟父列者。惟當憂念我身。伊。訓惟也。望得同姓之閒有憂已者。以思謂未得。更歎而爲言。嗚呼。同姓諸侯。若有能助我有功。則我一人長得安在王位。言已恃賴諸侯。思得其人。在後果得文侯。告文侯以此言。言已思文侯之功。○傳重稱至獎之○正義曰。天子之於諸侯。當稱父舅而已。既呼其父。又稱其字。所以別他人也。初則別於他人。重則可以已矣。重稱其字者。親之也。禮。君父之前曰名。朋友之交曰字。是名重於字也。輕前人則斥其名。尊前人則避其重。故不稱其名。尊之也。不於上文作傳。於此言尊之者。就此親之并解之也。昭乃顯祖。不知所斥。以晉之上世有功名者。惟有唐叔耳。故知明汝顯祖唐叔之道。所以勸獎之。令其繼唐叔之業也。○傳言汝至爲孝。○正義曰。以其初有大功。終當不殞其業。故言始法文武之道。當用是文武之道。合會繼汝君以善。令以功德佐汝君。使汝君繼前世。追行孝道於前世文德之人。汝君者。平王自謂也。先祖之志。在於平定天下。故子孫繼父祖之志爲孝也。○傳戰功至所善。○正義曰。戰功曰多者。周禮司勳文。又云。王功曰勳。國功曰功。民功曰庸。事功曰勞。治功曰力。戰功曰多。彼有此六功也。言功多殊於他人。故云汝之功多。甚修矣。言其功修整美其功之善也。文侯之功。在於誅犬戎。立平王。言乃扞蔽我於艱難。知謂救周誅犬戎也。若訓如也。如汝之功。我所善也。王肅云。云如汝之功。我所嘉也。

王曰。父義和。其歸視爾師。寧爾邦。傳遣令還晉國。其歸視汝衆。安汝國內上下。○令力呈反。**用賚爾秬鬯一卣。**傳黑黍曰秬。釀以鬯草。不言圭瓚可知。卣。中罇也。當以錫命告其始祖。故賜鬯。○賚。力代反。卣。音酉。又音由。釀。女亮反。

彤弓一。彤矢百。盧弓一。盧矢百。傳彤。赤。盧。黑也。諸侯有大功。賜弓矢。然後專征伐。彤弓以講德習射。藏示子孫。○彤。徒冬反。

馬四匹。傳馬供武用。四匹曰乘。侯伯之賜無常。以功大小爲度。○供。音恭。

父往哉。柔遠能邇。惠康小民。無荒寧。傳父往歸國哉。懷柔遠人。必以文德。能柔遠者。必能柔近。然後國安。安小人之道。必以順。無荒廢人事而自安。

簡恤爾都。用成爾顯德。傳當簡核汝所任。

憂治汝都鄙之人。人和政治。則汝顯用有德之功成矣。不言鄙。由近以及遠。○核，户革反。治，直吏反。

疏「王曰」至「顯德」。○正義曰：王既陳其功。乃賚賜之。王曰：父義和，其當歸汝晉國，視汝衆民。安汝國內上下。用賜汝秬鬯之酒一卣，鐏，歸以告祭汝之始祖。又賜汝彤弓一，彤矢百，旅弓一，旅矢百，馬四匹。父往歸國哉。必以文德安彼遠人。欲安遠必能安近。是遠近乃得安耳。當以順道安汝之小民。無得荒廢人事以自安逸。簡核汝所任之臣，憂治汝都鄙之人民。用成汝顯明之德。戒使歸國善治民也。○傳「黑黍」至「賜鬯」。○正義曰：釋草云：秬，黑黍。李巡曰：黑黍一名秬。周禮鬱人掌和鬱鬯以實彝而陳之。鄭云：鬱，鬱金，香草也。築鬱金煑之以和鬯酒。鄭衆云：鬱爲草，若蘭。又有鬯人掌共秬鬯。鄭玄云：鬯，釀秬爲酒，芬香調暢於上下也。如彼鄭說，釀黑黍之米爲酒，築鬱金之草，煑以和之。此傳言釀以鬯草，似用鬯草合釀，不同者，終是以鬯和黍米之酒，或先或後言之耳。詩美宣王賜召穆公云。釐爾圭瓚。秬鬯一卣。告于文人。知賜秬鬯者。必以圭瓚副焉。此不言圭瓚。明并賜之可知也。卣。中尊也。釋器文。孫炎云。樽彝爲上。罍爲下。卣居中。郭璞曰。在罍彝之間。卽犧象壺著大山等六尊是也。周禮司尊彝云。春祠夏禴。祼用雞彝鳥彝。秋嘗冬烝。祼用斝彝黄彝。則祭時實鬯酒於彝。此用卣者。未祭則盛於卣。及祭則實於彝。此初賜未祭。故盛以卣也。詩稱告于文人。毛傳云。文人。文德之人也。鄭玄云。王賜召虎以鬯酒一尊。使以祭其宗廟。告其先祖。諸有德美見記也。然則得秬鬯之賜。當徧告宗廟。此傳惟言告始祖者。舉祖之尊者言之耳。○傳形赤至子孫○正義曰。形字從丹。玈字從玄。故形赤玈黑也。是諸侯有大功。賜弓矢。然後專征伐。禮記王制文也。周禮司弓矢掌六弓。其名王弧夾庾唐大。鄭玄云。六者。弓異體之名也。往體寡。來體多。曰王弧。往體多。來體寡。曰夾庾。往體來體若一。曰唐大。經又云。唐弓大弓。以授學射者使者勞者。鄭云。學射者弓用中。後習强弱則易也。使者勞者弓亦用中。遠近可也。

勞者勤勞王事。若晉文侯受弓矢之賜者。鄭玄以此彤弓旅弓。爲周禮唐弓大弓。唐大是弓强弱之名。彤旅於弓赤黑之色。孔意亦當然也。此傳及毛傳皆云。彤弓以講德習射。用周禮爲説也。唐弓大弓以授學射者。是習射也。授使者勞者。是講德也。講論知其有德。乃賜之耳。襄八年左傳云。晉范宣子來聘。季武子賦彤弓。宣子曰。城濮之役。我先君文公受彤弓于襄王。以爲子孫藏。杜預云。藏之以示子孫。○傳馬供至爲度。○正義曰。六畜特以馬賜之者。爲馬供武用。故也。周禮校人云。乘馬一師四圉。圉養一馬。是四匹曰乘。乘車必駕四馬故也。司勳云。凡賞無常。輕重視功。是侯伯之賜無常。以功大小爲度。○傳父往至相安○正義曰。論語云。遠人不服。則修文德以來之。是懷柔遠人。必以文德也。能柔遠者。必能柔近。遠近俱安。然後國安。惠。順也。康。安也。言順安小民者。安小民之道。必以順道安之。故言順安也。順者。順小民之心爲其政也。論語云。因民之所利而利之。是順安也。○傳當簡至及遠。○正義曰。簡恤者。共有爾都之文。當簡核汝都内善人而任之。令以德憂治汝都鄙之人。人和政治。則汝顯用有德之功成矣。言用賢之名既成。國君之治亦成也。鄭云。都。國都也。鄙。邊邑也。言都不言鄙。由近以及遠也。

費誓第三十一

周書

魯侯伯禽宅曲阜。傳始封之國居曲阜。○伯禽。魯侯名。徐夷並興東郊不開。傳徐戎淮夷並起爲寇於魯。故東郊不開。○開。舊讀皆作開。馬本作闢。作費誓。傳魯侯征之於費地而誓衆也。諸侯之事而連帝王。孔子序書。以魯有治戎征討之備。秦有悔過自誓之戒。足爲世法。故録以備王事。猶詩錄商魯之頌。○費。音秘。

費誓

【傳】費魯東郊之地名。【疏】魯侯至費誓○正義曰。魯侯伯禽於成王即政元年。始就封於魯。居曲阜之地。於時徐州之戎。淮浦之夷。並起爲寇於魯。東郊之門。不敢開闢。魯侯時爲方伯。率諸侯征之。至費地而誓戒士衆。史錄其誓辭。作費誓。○【傳】徐戎至不開○正義曰。經稱淮夷徐戎。序言徐夷。畧之也。此戎夷在魯之東。諸侯之制。於郊有門。恐其侵逼魯境。故東郊之門不開。○【傳】費魯至地名○正義曰。甘誓牧誓。皆至戰地而誓。知費非戰地者。東郊不開。則戎夷去魯近矣。此誓令其治兵器。具糗糧。則是未出魯境。故知費是魯東郊地名。非戰處也。

公曰。嗟人無譁聽命。【傳】伯禽爲方伯監七百里內之諸侯。帥之以征。歎而敕之。使無喧譁。欲其靜聽誓命。○譁。戶瓜反。監。工銜反。

徂茲淮夷徐戎並興。（傳）令往征此淮浦之夷、徐州之戎。並起爲寇。此戎夷。帝王所羈縻統敘。故錯居九州之內。秦始皇逐出之。

善敹乃甲冑。敿乃干。無敢不弔。（傳）言當善簡汝甲鎧冑兜鍪。施汝楯紛。無敢不令至攻堅使可用。○敹。了彫反。敿。居表反。弔。音的。鎧。苦代反。兜。丁侯反。鍪。音矛。楯。常準反。又音允。紛。芳云反。令。力呈反。

備乃弓矢。鍛乃戈矛。礪乃鋒刃。無敢不善。（傳）備汝弓矢。弓調矢利。鍛鍊戈矛。磨礪鋒刃。皆使無敢不功善。○鍛。丁亂反。礪。力世反。鍊。來見反。

【疏】公曰至不善。○正義

曰。魯侯將征徐戎。召集士衆歎而勑之。公曰。嗟。在軍之人。無得喧譁。皆靜而聽我誓命。在往征此淮浦之夷。徐州之戎。以其並起爲寇故也。汝等善簡擇汝之甲胄。施汝楯紛。無敢不令至攻。極堅。備汝弓矢。一弓百矢。令弓調矢利。鍛鍊汝之戈矛。磨礪汝之鋒刃。無敢不使皆善。戒之使善。言不善將得罪也。○傳伯禽至誓命。○正義曰。禮。諸侯不得專征伐。惟州牧於當州之內。有不順者得專征之。於時伯禽爲方伯。監七百里內之諸侯。故得帥之以征戎夷。王制云。千里之外設方伯。以八州八伯。是州別立一賢侯以爲方伯。即周禮大宗伯云。八命作牧是也。禮記明堂位云。封周公於曲阜。地方七百里。孔意以周之大國不過百里。禮記云。七百里者。監此七百里內之諸侯。非以七百里地并封伯禽也。下云魯人三郊三遂。指言魯人。明於時軍內更有諸侯之人。故知帥七百里內諸侯之人。以之共征也。鄭云。人。謂軍之士衆。及費地之民。案下句。令塡塞坑穽。必使軍旁之民塞之。或當如鄭言也。○傳今往至出之○正義曰。詩美宣王命程伯休父。率彼淮浦。省此徐土。知淮夷是淮浦之夷。徐戎是徐州之戎也。四海之名。東方曰夷。西方曰戎。謂在九州之外。此徐州淮浦。中夏之地而得有戎夷者。此戎夷。帝王之所羈縻而統敘之。不以中國之法齊其風俗。故得雜錯居九州之内。此伯禽之時有淮浦者。淮浦之夷並起。詩美宣王命召穆公平淮夷。則戎夷之處中國久矣。漢時内地無戎夷者。秦始皇逐出之。始皇之崩。至孔之初。惟可三四十年。古老猶在。及見其事。故孔得親知之也。王肅云。皆紂時錯居中國。經傳不説其事。無以知紂時來也。○傳言當至可用○正義曰。世本云。杼作甲。宋仲子云。少康子杼也。説文云。胄。兜鍪也。兜鍪。首鎧也。經典皆言甲胄。秦世已來。始有鎧兜鍪之文。古之作甲用皮。秦漢已來用鐵。鎧鍪二字皆從金。蓋用鐵爲之。而因以作名也。甲胄爲有善有惡。故令敹簡取其善者。鄭云。敹謂穿徹之。謂甲繩有斷絶。當使敹理穿治之。干。是楯也。敵乃干。必施功於楯。但楯無施功之處。惟繫紛於楯。故以爲施次楯紛紛如綬而小。繫於楯以持之。其以爲飾。鄭云。

敿。猶繫也。王肅云。敿楯。當有紛繫持之。是相傳爲此説也。弔。訓至也。無敢不令至極攻堅使可用。鄭云。至。猶善也。○傳備汝至功善○正義曰。備。訓具也。每弓百矢。弓十矢千。使其數備足。令弓調矢利。案毛傳云。五十矢爲束。或臨戰用五十矢爲束。凡金爲兵器。皆須鍛礪。有刃之兵。非獨戈矛而已。云鍛鍊戈矛。磨礪鋒刃。令其文互相通。稱諸侯兵器。皆使無敢不功善。令皆利快也。

今惟淫舍牿牛馬。

傳 今軍人惟大放舍牿牢之牛馬。言軍所在。必放牧也。○牿。工毒反。

杜乃擭斂乃穽無敢傷牿牿之傷汝則有常刑。

傳 擭。捕獸機檻。當杜塞之。穽。穿地陷獸。當以土窒斂之。無敢令傷所放牿牢之牛馬。牛馬之傷。汝則有殘人畜之常刑。○杜。本又作敷。擭。華化反。徐。戶覆反。斂。徐。乃協反。又乃結反。穽。在性反。檻。戶減反。窒。珍栗反。畜。許六反。又丑六反。疏今惟至常刑。○正義曰。此欲大放舍牿牢之牛馬。令牧於野澤。杜汝捕獸之擭。塞汝陷獸之穽。無敢令傷所放牿牢之牛馬。牛馬之傷。汝則有殘害人畜之常刑。○傳今軍至放牧○正義曰。淫。訓大也。周禮。充人掌繫祭祀之牲牷。祀五帝則繫于牢。芻之三月。鄭玄云。牢。閑也。校人掌王馬之政。天子十有二閑。馬六種。然則掌牛馬之處謂之牢閑。牢閑是周備之名也。此言大舍牿牛馬。則是出之牢閑。牧於野澤。令其逐草而牧之。故謂此牢閑之牛馬爲牿牛馬。而知牿即閑牢之謂也。故言大放舍牿牢之牛馬。言軍人所在。必須放牧。此告軍旁之民也。既言牛馬在牿。遂以牿爲牛馬之名。下云無敢傷牿。謂傷牛馬。牿之傷謂牛馬傷也。鄭玄以牿爲桎牿之牿。施牿於牛馬之脚。使不得走失。○傳擭捕至常刑○正義曰。周禮。冥氏掌爲阱擭以攻猛獸。知穽擭皆是捕獸之器也。檻以捕虎豹。穿地爲深坑。又設機於上。防其躍而出也。穽以捕小獸。穿地爲深坑。入必不能出其上。不設機也。穽以穿地爲名。擭以得獸爲名。擭亦設於穽中。但穽不設機爲異耳。杜塞之。窒斂之。皆閉塞之義。使之填坑廢機。無敢令傷所放牿牢之牛馬。牛馬之傷。汝則有殘人畜之常刑。今律文施機槍作坑穽者。杖一百。傷人之畜産者。償所減價。王肅云。杜。閉也。擭。所以捕禽獸機檻之屬。斂。塞也。穽。穿地爲之。所以陷墮之。恐害牧牛馬。故使閉塞之。鄭玄云。山林之田。春始穿地爲穽。或設擭其中。以遮獸。擭作鄂也。

馬牛其風。臣妾逋逃。勿敢越逐。傳馬牛其有風佚。臣妾逋亡。勿敢棄越壘伍而求逐之。役人賤者。男曰臣。女曰妾。○逋。布吴反。佚。音逸。

祇復之。我商賚汝。傳衆人其有得佚馬牛逃臣妾。皆敬還復之。我則商度汝功。賜與汝。○商。如字。徐音章。賚。力代反。徐音來。度。待洛反。

乃越逐不復。汝則有常刑。

(傳)越逐爲失伍。不還爲攘盜。汝則有此常刑。○攘，如羊反。

無敢寇攘踰垣牆。(傳)軍人無敢暴劫人。踰越人垣牆物有自來者。無敢取之。○垣，音袁。

竊馬牛。誘臣妾。汝則有常刑。(傳)軍人盜竊馬牛。誘偷奴婢。汝則有犯軍令之常刑。

甲戌。我惟征徐戎。(傳)誓後甲戌之日。我惟征之。

峙乃糗糧。無敢不逮。汝則有大刑。(傳)皆當儲峙汝糗糒之糧。使足食。無敢不相逮及。汝則有乏軍興之死刑。○峙，直里反。爾雅云：具也。糗，去九反。一音昌紹反。糧，音良。糒，音備。

魯人三郊三遂。峙乃楨榦。甲戌。我惟築。(傳)總諸侯之兵。而但稱魯人峙具楨榦。道近也。題曰楨。旁曰榦。言三郊三遂。明東郊距守不峙。甲戌日當築攻敵壘距堙之屬。○楨徐音貞。榦工翰反。築陟六反。守手又反。堙音因。**無敢不供汝則有無餘刑非殺。**傳峙具楨榦。無敢不供。不供汝則有無餘之刑。刑者非一也。然亦非殺汝。○供音恭。**魯人三郊三遂峙乃芻茭無敢不多汝則有大刑。**傳郊遂多積芻茭。供軍牛馬。不多。汝則亦有乏軍興之大刑。○芻初俱反。茭音交。疏馬牛至大刑。○正義曰。馬牛其有放佚。臣妾其有逋逃。汝無敢棄越壘伍而遠求逐之。其有得逸馬牛逃臣妾。皆敬還復之。歸於本主。我則商度汝功。賞賜汝。汝若棄越壘伍。遠求逐馬牛臣妾。及有得馬牛臣妾不肯敬還復歸本主者。汝則有常刑。○傳馬牛至曰妾○正義曰。僖四年左傳云。惟有風馬牛不相及也。賈逵云。風。放也。牝牡相誘謂之風。然則馬牛風佚。因牝牡相逐而遂至放佚遠去也。逋。亦逃也。軍士在軍。當各守部署。止則有壘壁。行則有隊伍。勿敢棄越壘伍而遠求逐之。周禮大宰以九職任萬民。八曰臣妾聚斂疏材。僖十七年左傳云。晉惠公之妻梁嬴孕過期。卜招父與其子卜之。其子曰。將生一男一女。招曰然。男爲人臣。女爲人妾。是役人賤者。男曰臣。女曰妾也。古人或以婦女從軍。故云臣妾逋逃也。○傳皆當至死刑○正義曰。峙具也。預貯米粟。謂之儲峙。鄭衆云。糗。熬大豆及米也。說文云。糗。熬米麥也。鄭玄云。糗。擣熬穀也。謂熬米麥使熟。又擣之以爲粉也。糒。乾飯也。糗糒是行軍之糧。皆當儲峙汝糗糒之糧。使在軍足食。無敢不相逮及。謂糧儲少不及衆人。汝則有乏軍興之死刑。興軍征伐而有乏少。謂之乏軍興。今律乏軍興者斬。○傳總諸至之屬○正義曰。指言魯人。明更有他國之人。總諸侯之兵。而但謂魯人峙具楨幹。爲道近故也。峙具楨幹。以擬築之用。題曰楨。謂當牆兩端者也。旁曰幹。謂在牆兩邊者也。釋詁云。楨。幹也。舍人曰。楨。正也。築牆所立兩木也。幹。所以當牆兩邊障土者。三郊三遂。謂魯人三軍。周禮司徒。萬二千五百家爲鄉。司馬法。萬二千五百人爲軍。小司徒云。凡起徒役。無過家一人。是家出一人。一鄉爲一軍。天子六軍。出自六鄉。則諸侯大國三軍。亦當出自三鄉也。周禮又云。萬二千五百人爲遂。遂人職云。以歲時稽其人民。簡其兵器。以起征役。則六遂亦當出六軍。鄉爲正。遂爲副耳。鄭衆云。六遂之地。在王國百里之外。然則王國百里爲郊。鄉在郊內。遂在郊外。釋地云。邑外謂之郊。孫炎曰。邑。國都也。設百里之國。去國十里爲郊。則諸侯之制。亦當鄉在郊內。遂在郊外。此言三郊三遂者。三郊謂三鄉也。蓋使三鄉之民。分在四郊之內。三遂之民。分在四郊之外。鄉近於郊。故以郊言之。鄉遂之民。分在國之四面。當有四郊四遂。惟言三郊三遂者。明東郊令留守。不令峙楨幹也。上云甲戌我惟征徐戎。此云甲戌我惟築。期以至日即築。當築攻敵之壘。距堙之屬。兵法。攻城築土爲山。以闚望城內。謂之距堙。襄六年左傳云。晏弱城東陽而遂圍萊。甲寅。堙之。環城傅於堞。杜預云。堞。女牆也。堙。土山也。周城爲土山及女牆。宣十五年公羊傳。楚子圍宋。使司馬子反乘堙而闚宋城。宋華元亦乘堙而出見之。何休云。堙。距堙。上城具也。是攻敵城壘。必有距堙。知築者築距堙之屬也。○傳峙具至殺汝。○正義曰。上云無敢不逮。此云無敢不供。下云無敢不多。文異者。糗糧難備。不得偏少。故云無敢不逮。楨榦易得。惟恐闕事。故云不敢不供。芻茭賤物。惟多爲善。故云無敢不多。量事而爲文也。不供。汝則有無餘刑者。言刑者非一。謂合家盡刑之。王肅云。汝則有無餘刑。父母妻子同産皆坐之。無遺免之者。故謂無無餘之刑。然入於罪隸。亦不殺之。鄭玄云。無餘刑非殺者。謂盡奴其妻子。不遺其種類。在軍使給廝役。反則入於罪隸舂槀。不殺之。周禮司厲云。其奴男子入于罪隸。女子入於舂槀。鄭玄云。奴。從坐而没入縣官者。男女同名。鄭衆云。輸於罪隸舂人槀人之官也。然不供楨榦。雖是大罪。未應緣坐盡及家人。蓋亦權以脅之使勿犯耳。○芻茭。○正義曰。鄭云。茭。乾芻也。

秦誓第三十二

周書

秦穆公伐鄭。傳 遣三帥帥師往伐之。○事見魯僖公三十三年。三帥。謂孟明視。西乞術。白乙丙。帥。色類反。下註同。晉襄公帥師敗諸崤。傳 崤。晉要塞也。以其不假道伐而敗之。因其三帥。○崤。戶交反。塞。悉代反。假。工下反。還歸。作秦誓。傳 晉舍三帥還歸秦。穆公悔過作誓。

秦誓 傳 貪鄭取敗。悔而自誓。疏 秦穆至秦誓。○正義曰。秦穆公使孟明視西乞術白乙丙三帥。師師伐鄭。未至鄭而還。晉襄公帥師敗之於崤山。因其三帥。後晉舍三帥。得還歸於秦。秦穆公自悔已過。誓戒羣臣。史錄其誓辭。作秦誓。○傳遣三至伐之○正義曰。左傳僖三十年。晉文公與秦穆公圍鄭。鄭使燭之武說秦伯。秦伯竊與鄭人盟。使杞子逢孫楊孫戍之。乃還。三十二年。杞子自鄭使告于秦曰。鄭人使我掌其北門之管。若潛師以來。國可得也。穆公訪諸蹇叔。蹇叔曰不可。公辭焉。召孟明西乞白乙。使出師伐鄭。是遣三帥帥師往伐之事也。序言穆公伐鄭。嫌似穆公親行。故辨之耳。○傳崤晉至三帥○正義曰。杜預云。殽在弘農澠池縣西。築城守道謂之塞。言其要塞盜賊之路也。崤山險阨。是晉之要道關塞也。從秦嚮鄭。路經晉之南境。於南河之南崤關而東適鄭。禮。征伐朝聘。過人之國。必遣使假道。晉以秦不假道。故伐之。左傳僖三十二年。晉文公卒。三十三年。秦師及滑。鄭商人弦高將市於周。遇之。矯鄭伯之命。以牛十二犒師。孟明曰。鄭有備矣。不可冀也。攻之不克。圍之不繼。吾其還也。滅滑而還。晉先軫請伐秦師。襄公在喪。墨縗絰。夏四月敗秦師于殽。獲百里孟明視西乞術白乙丙以歸。是襄公親自帥師伐而敗之。囚其三帥也。春秋之例。君將不言帥師。舉其重者。此言襄公帥師。依實爲文。非彼例也。又春秋經書此事云。晉人及姜戎敗秦師于殽。實是晉侯而書晉人者。杜預云。晉侯諱背喪用兵。通以賤者告也。是言晉人告魯。不言晉侯親行。而云大夫將兵。大夫賤不合書名氏。故稱人也。直言敗秦師于殽。不言秦之將帥之名。亦諱背喪用兵。故告辭略也。

○傳晉舍至作誓○正義曰。左傳又稱晉文公之夫人文嬴。秦女也。請三帥曰。彼實構吾二君。寡君若得而食之。不厭。君何辱討焉。使歸就戮于秦。以逞寡君之志。若何。公許之。秦伯素服郊次。鄉師而哭。曰。孤違蹇叔。以辱二三子。孤之罪也。不替孟明。孤之過也。是晉舍三帥而得還。秦

穆公於是悔過作誓序言還歸謂三帥還也嫌穆公身還故辨之公羊傳說此事云匹馬隻輪無反者左傳稱秦伯嚮師而哭則師亦少有還者

公曰嗟我士聽無譁傳誓其羣臣通稱士也予誓告汝羣言之首傳衆言之本要古人有言曰民訖自若是多盤傳言民之行已盡用順道是多樂稱古人言悔前不順忠臣○樂音洛責人斯無難惟受責俾如流是惟艱哉傳人之有非以義責之此無難也若已有非惟受人責即改之如水流下是惟艱哉○俾必爾反下同我心之憂日月逾邁若弗云來傳言我心之憂欲改過自

新。如日月並行過。如不復云來。雖欲改悔。恐死及之

無所益。○復扶又反。疏公曰至云來○正義曰。穆公自悔伐鄭。召集羣臣而告之。公曰。咨嗟。我之朝廷之士。聽我告於汝。無得喧譁。我誓告汝衆言之首。誥汝以言中之最要者。古人有言曰。民之行已。盡用順道。是多樂。言順善事。則身大樂也。見他有非理。以義責之。此無難也。惟己有非理。受人之責。即能改之。使如水之流下。此事是惟難哉。言己已往之前。不受人言。故自悔也。今我心憂。欲自改過自新。但日月益爲疾行。如似不復云來。恐已老死。不得改過也。○傳誓其至稱士○正義曰。士者。男子之大號。故羣臣通稱之。鄭云。誓其羣臣。下及萬民。獨云士者。舉中言之。○傳言民至忠臣○正義曰。訖。盡也。自用若順。盤樂也。盡用順道則有福。有福則身樂。故云是多樂也。稱古人言者。悔前不用古人之言。不順忠臣之謀故也。昔漢明帝問東平王劉蒼云。在家何者爲樂。對曰。爲善最樂。是其用順道則多樂。○傳言我至所

益○正義曰。逾。益。邁。行也。員即云也。言日月益爲疾行。並皆過去。如似不復云來。畏其去而不復來。夜而不復明。言已年老。前途稍近。雖欲改悔。恐死及之。不得修改。身無所益也。王肅云。年已衰老。恐命將終。日月逾往。若不云來。將不復見。日月雖欲改過無所及益。自用改過遲晚。深自咎責之辭。

惟古之謀人。則曰未就予忌。[傳]惟爲我執古義之謀人。謂忠賢蹇叔等也。則曰未成我所欲。反忌之耳。○爲于僞反。下爲我謀同。

惟今之謀人。姑將以爲親。[傳]惟指今事爲我所謀之人。我且將以爲親而用之。悔前違古從今以取破敗。

[疏]惟古至爲親○正義曰。此穆公自說已之前過。我欲伐鄭之時。羣臣共爲謀計。惟爲我執古義之謀人。我則曰。未成我之所欲。反猜忌之。惟指今事爲我所謀之人。我且將以爲親。已而用之。悔前違古

從今。自取破敗也。其古之謀人。當謂忠賢之臣若蹇叔之等。今之謀人。勸穆公使伐鄭者。蓋謂杞子之類。國內亦當有此人。**雖則云然。尚猷詢茲黃髮。則罔所愆。**傳言前雖則有云然之過。今我庶幾以道謀此黃髮賢老。則行事無所過矣。**番番良士。旅力既愆。我尚有之。**傳勇武番番之良士。雖衆力已過老。我今庶幾欲有此人而用之。○番。音波。**仡仡勇夫。射御不違。我尚不欲。**傳仡仡壯勇之夫。雖射御不違。我庶幾不欲用。自悔之至。○仡。許乞反。**惟截截善諞言。俾君子易辭。我皇多有之。昧昧我思之。**傳惟察察便巧善爲辯佞之言。使君子迴心易辭。我前多有之。以我昧昧思之不明故也。○截。才節反。馬云。辭語截削省要也。諞音辨。徐敷連反。又甫淺反。馬本作偏。云少也。辭約損明大辨佞之人。易。羊石反。昧。音妹。**如有一介臣。斷斷猗無他伎。其心休休焉。其如有容。**【傳】如有束脩一介臣。斷斷猗然專一之臣。雖無他伎藝。其心休休焉樂善。其如是。則能有所容。言將任之。○介。音界。馬本作介。云一介。耿介。一心端慤者。字又作个。音工佐反。斷。丁亂反。又音短。猗。於綺反。又於宜反。伎。其綺反。本亦作技。他。本亦作它。吐何反。樂。音洛。【疏】雖則至不欲。○正義曰。言我前事雖則有云然之過。我今庶幾以道謀此黃髮賢老。受用其言。則行事無所過也。番番然勇武之善士。雖衆力既過老。而謀計深長。我庶幾欲有此人而用之。仡仡然壯勇之夫。雖射御不有違失。而智慮淺近。我庶幾不欲用之。自悔往前用勇壯之計失也。○惟截截至有容○正義曰。惟察察然便巧善爲辯佞之言。能使君子迴心易辭。我前大多有之。昧昧然我思之不明故也。如有一心耿介之臣。斷斷守善猗然獨無他技藝。而其心樂善休休焉。其如是則能有所含容。如此者。我將任用之。悔前用巧佞之人。今將任寬容善士也。○傳惟察至故也○正義曰。截截。猶察察。明辯便巧之善。諞。猶辯也。由其便巧善爲辯佞之言。使君子聽之。迴心易辭。皇。訓大也。我前大多有之。謂杞子之等。及在國從巳之人。以我昧昧而闇思之不明。故有此輩在我側也○傳如有至任之○正義曰。孔注論語以束脩爲束帶脩飾。此亦當然。一介。謂一心耿介。斷斷。守善之貌。休休。好善之意。如有束帶脩飾。一心耿介。斷斷然守善猗然專一之臣。雖復無他技藝。休休焉好樂善道。其心行如是。則能有所含容。言得此人。將任用之。猗者足句之辭。不爲義也。禮記大學引此。作斷斷兮。猗是兮之類。詩云河水清且漣猗是也。王肅云。一介。耿介。一心端慤斷斷。守善之貌無他技能。徒守善而已。休休。好善之貌。其如是人能有所容忍小過。寬則得衆。穆公疾技巧多端。故思斷斷無他技者。

人之有技。若己有之。人之彥聖。其心好之。不啻如自其口出。是能容之。

傳 人之有技。若己有之。樂善之至也。人之美聖。其心好之。不啻如自其口出。心好之至也。是人必能容之。○好。呼報反。啻。尸豉反。

以保我子孫黎民。亦職有利哉。

傳 用此好技聖之人。安我子孫衆人。亦主有利哉。言能興國。

疏 人之至利哉。○正義曰。此說大賢之行也。大賢之人。見人之有技。如似己自有之。見人之有美善通聖者。其心愛好之。不啻如自其口出。愛彼美聖。口必稱揚而薦達之。其心愛之。又甚於口。言其愛之至也。是人於民必能含容之。用此愛好技聖之人。安我子孫衆民。則我子孫衆民。亦主有利益哉。言其能興邦也。人之有技。冒疾以惡之。人之彥聖。而違之俾不達。傳見人之有技藝。蔽冒疾害以惡之。人之美聖。而違背壅塞之。使不得上通。○冒。莫報反。惡。烏路反。背。音佩。壅。於勇反。塞。先得反。是不能容。以不能保我子孫黎民。亦曰殆哉。傳冒疾之人。是不能容人。用之不能安我子孫衆人。亦曰危殆哉。○殆。唐在反。

疏人之至殆哉○正義曰。此說大佞之行也。大佞之人。見人之有技。蔽冒疾害以惡之。見人之有美善通聖者。而違背壅塞之。使不達於在上。是人之不能含容人也。用此疾惡技聖之人。不能安我子孫衆民。則我子孫衆民。亦曰危殆哉。言其必亂邦也。○傳見人至上通。○正義曰。傳以冒爲覆冒之凡。謂蔽障掩蓋之也。疾。謂疾惡之。謂憎疾患害之也。見人之美善通聖。而違背之不從其言。壅塞**邦之杌隉。**之使不得上通。皆是佞人害賢之行也。**曰由一人。**傳杌隉不安。言危也。一人所任用。國之傾危。曰由所任不容賢。○杌。五骨反。隉。五結反。徐語折反。**邦之榮懷。亦尚一人之慶。**傳國之光榮。爲民所歸。亦庶幾其所任用賢之善也。穆公陳戒。背賢則危。用賢則榮。自誓改前過之意。

疏邦之至之慶○正義曰。既言賢佞行異。又言用之安否。邦之杌隉。危而不安。曰由所任一人之不賢也。邦之光榮。爲民所歸。亦庶幾所任一人之有慶也。言國家用賢則榮。背賢則危。穆公自誓。將改前過用賢人者也。

尚書註疏卷第二十

尚書注疏彙校卷二十

文侯之命第三十

一葉五行經　**文侯之命第三十**。「三十」，石作「卅」。

一葉八行釋文　**平王。馬無平字。錫。星歷反。馬本作賜。**「平王」至「馬本作賜」十四字，纂作孔傳。「馬」下纂、平、殿、庫有「本」字。「歷」，平作「歴」。○物觀《補遺》：平王，馬無平字。〔經典釋文〕「馬」下有「本」字。○浦鏜《正字》：馬本無平字。脱「本」字。○阮元《校記甲》：平王，馬本無平字。十行本、毛本俱無「本」字。

一葉八行釋文　**瓚。才但反。**「才」，平作「子」。

一葉八行釋文　**柄。彼病反。**「反」，十作「父」。

一葉九行注　**所以名篇。**○山井鼎《考文》：所以名篇。〔古本〕下有「也」字。○阮元《校記甲》：所以名篇。「篇」下古本有「也」字。按：纂傳移此四字於篇題傳末，文義較妥，但未必孔氏元文爾。阮元《校記乙》同。

一葉九行注　幽王爲犬戎所殺。○《定本校記》：幽王爲犬戎所殺。「殺」，内野本、神宮本作「滅」，清原宣賢手鈔本引家本亦然。

一葉十一行注　平王命爲侯伯。「侯」，李作「矦」。

一葉十一行疏　「平王至之命○正義曰」至「故平王錫命焉」。○浦鏜《正字》：「文侯之命」下疏「平王」至「錫命焉」五百七十五字當在上序傳下。○盧文弨《拾補》：平王至之命。自此起至「故平王錫命焉」止，當在上序傳下。○「平王至之命○正義曰」至「故平王錫命焉」，定本在上序傳「故錫命焉」下。○《定本校記》：文侯之命。此經傳〔足利〕八行本在「作文侯之命」下，今從殿本、浦氏改。

一葉十六行疏　祼之瓚。「祼」，單、八、平、殿、庫作「謂」，十、永、阮作「課」。○山井鼎《考文》：祼祭，祼之瓚。宋板下「祼」作「謂」。謹按與周禮註合。○浦鏜《正字》：於圭頭爲器，可以挹鬯祼祭，謂之瓚。「謂」誤「祼」。○盧文弨《拾補》：於圭頭爲器，可以挹鬯祼祭，謂之瓚。毛本「謂」作「課」。「課」當作「謂」。（彙校者案：毛本作「祼」。）○阮元《校記甲》：祼之瓚。「祼」，宋板、纂傳俱作「謂」。山井鼎曰：與周禮注合。按：十行本誤作「課」。○阮元《校記乙》：課之瓚。宋板、纂傳「課」作「謂」，毛本作「祼」。案：作「謂」。山井鼎曰：與周禮注合。

一葉十六行疏　肆解牲醴△以祭。　「醴」，單、八、平、十、永、殿、庫、阮作「體」。○山井鼎《考文》：鄭玄云肆解牲醴以祭。〔宋板〕「醴」作「體」。[謹按]與周禮註合。○浦鏜《正字》：肆解牲體以祭。「體」誤「醴」。○盧文弨《拾補》：肆解牲體以祭。毛本「體」作「禮」。「禮」當作「體」。（彙校者案：毛本作「醴」。）○阮元《校記甲》：肆解牲醴以祭。「醴」，宋板、十行俱作「體」。案：作「體」字。與周禮注合。

一葉十七行疏　口徑△一尺。　「徑」，永作「經」。

二葉一行疏　青金爲外△。　「外」，平作「知」。

二葉三行疏　考工記玉△人云。　「玉」，閩作「王」。

二葉六行疏　褒△姒△生子伯服。　「生」上平無「褒姒」二字。

二葉七行疏　乃與西夷犬戎△。　「戎」，單作「戍」。

二葉八行疏　於是諸侯乃與申侯共立太子△宜臼。　「子」，十作「了」。

二葉八行疏　東△徙△於洛邑避戎寇。　永「東」作「朿」，「徙」作「徒」。

二葉九行疏　晉文侯△於是乎定天子。　○浦鏜《正字》：晉文侯于是乎定天子。「侯」，國語作「公」。○盧文弨《拾補》：晉文侯於是乎定天子。國語「侯」作「公」。

二葉九行疏　故平王錫命焉。　「平」，毛作「乎」。○山井鼎《考文》：故乎王錫命焉。正誤「乎」當作「平」。物觀《補遺》：宋板「乎」作「平」。○浦鏜《正字》：故平王錫命焉。「平」，毛本誤「乎」。○盧文弨《拾補》：故平王錫命焉。毛本「平」作「乎」。「乎」當作「平」。○阮元《校記甲》：故乎王錫命焉。「乎」，宋板、十行、閩本俱作「平」，是也。

二葉十行疏　平王命爲侯伯。　「王」，永作「三」。

二葉十行疏　諸侯之長謂之伯也。　「之伯」，單、八作「二伯」。○山井鼎《考文》：諸侯之長謂之伯也。〔宋板〕下「之」作「二」。○盧文弨《拾補》：諸侯之長謂二伯也。毛本「二」作「之」。「之」當作「二」。

二葉十一行疏　討罰。禮也。　「罰」，單、八、平、庫作「罪」。○山井鼎《考文》：討罰，禮也。〔宋板〕「罰」作「罪」。謹按左傳元文作「罪」。○浦鏜《正字》：凡侯伯，救患，分災，討罪，禮也。「罪」誤「罰」。○盧文弨《拾補》：凡侯伯，救患，分災，討罪，禮也。毛本「罪」作「罰」。「罰」當作「罪」。○阮元《校記甲》：救患，分災，討罰。「罰」，宋板作「罪」。山井鼎曰：左傳元文作「罪」。

二葉十一行疏　是謂諸侯之長爲侯伯。　「謂」，阮作「與」。○張鈞衡《校記》：是謂諸侯之長。阮本「謂」作「與」，誤。

二葉十一行疏　幽王既滅。　「幽」，十作「幽」。

二葉十一行疏　者爲大國功重。　「者」，單、八、平、殿、庫作「晉」。○山井鼎《考文》：者爲大國功重。〔宋板〕「者」作「晉」。○浦鏜《正字》：晉爲大國功重。「晉」誤「者」。○盧文弨《拾補》：晉文侯、鄭武公夾輔王室，晉爲大國功重。毛本「晉」作「者」。「者」當作「晉」。○阮元《校記甲》：晉文侯、鄭武公夾輔王室，者爲大國。「者」，宋板作「晉」。按：「者」字非也。阮元《校記乙》同。

二葉十三行經　父義和。　○山井鼎《考文》：父義和。〔古本〕「義」作「誼」，註同今本。○盧文弨《拾補》：父義和。「義」，石經作「誼」。古本同。傳仍作「義」。○阮元《校記甲》：王若曰：父義和。「義」，古本作「誼」。注同今本。按：陸氏曰：「義」，本亦作「誼」，與古本合。作「誼」者，蓋古文也。作「義」者，今文也。馬云「能以義和諸侯」，則馬本作「誼」。鄭氏讀「義」爲「儀」，則鄭本作「義」。古文與馬本同，今文與鄭本同。阮元《校記乙》同。

二葉十三行注　順其功而命之。　○山井鼎《考文》：順其功而命之。〔古本〕「功」上有「和」字。○阮元《校記甲》：順其功而命之。「功」上古本有「和」字。

二葉十三行注　文侯同姓。　「同」，十作「司」。

二葉十四行釋文　義和。馬云。能以義和諸侯。義。本作誼。　「義和。馬云，能以義和諸侯。義，本作誼」，纂、平作「義，本亦作誼。和，馬云能以義和諸侯」。另「本」下殿、庫亦有「亦」字。○阮元《校記甲》：義，本亦作誼。十行本、毛本俱無「亦」字。

二葉十八行注　而布聞在下居。　「居」，八、李、王、平、岳、殿、庫作「民」。○山井鼎《考文》：而布聞在下居。〔古本〕「居」作「民」，宋板同。○浦鏜《正字》：明升于天，而布聞在下民。「民」誤「居」，從疏挍。○岳本《考證》：布聞在下民。「民」，汲古閣本作「居」，誤。○盧文弨《拾補》：明升于天，而布聞在下民。毛本「民」作「居」。「居」當作「民」。○阮元《校記甲》：而布聞在下居。「居」，古、岳、宋板、纂傳俱作「民」。○阮元《校記乙》：而布聞在下居。古本、岳本、宋板、纂傳「居」作「民」。

三葉一行釋文　聞。音問。　「聞」上平有「敷」字。纂「聞」作「間」，「問」作「間」。

三葉一行釋文　王。于況反。　「王」上纂、平有「以」字。

三葉四行注　天下無不循從其化。　「無」，王作「无」。

三葉五行疏　王若至在位。　「若」，毛作「者」。○阮元《校記甲》：王者至在位。「者」，十行、閩、監俱作「若」，是也。

三葉七行疏　能詳慎顯用有德之人以爲大臣。　「慎」，阮作「順」。

三葉十行疏　言先世聖王得賢臣之力。　「王」，平作「主」。

三葉十一行疏　覲禮説天子呼諸侯之義。同姓大國則曰伯父。　「義」下單、八、平有「曰」字。「同」，十、永、阮作「曰」。○山井鼎《考文》：覲禮説天子呼諸侯之義。〔宋板〕「義」下有「曰」字。○盧文弨《拾補》：曰同姓大國則曰伯父。毛本脱上「曰」字。宋本有。○阮元《校記甲》：覲禮説天子呼諸侯之義。「義」下宋板有「曰」字。又：同姓大國。「同」，十行本誤作「曰」。按：宋板上句之末有「曰」字，十行本遂誤此句「同」字爲「曰」耳。○阮元《校記乙》：曰姓大國。毛本「曰」作「同」，是也。按：宋板上句之末有「曰」字，此遂誤「同」爲「曰」耳。

三葉十一行疏　同姓小國則曰叔父。　○浦鏜《正字》：同姓小國則曰叔父。「國」，經作「邦」。○盧文弨《拾補》：同姓小國則曰叔父。浦云：「國」，經作「邦」。

三葉十六行疏　在今王之先祖。　「今」，十、阮作「令」。○阮元《校記甲》：在今王之先祖。「今」，十行本誤作「令」。○阮元《校記乙》：在令王之先祖。毛本「令」作「今」。案：所改是也。○張鈞衡《校記》：在今王之先祖。阮本「今」作「令」，誤。

三葉十八行注　言我小子而遭天大罪過。　○阮元《校記甲》：而遭天大罪過。按：「而」

字上疑有缺文。傳依經釋訓，無所遺漏。此經有「嗣」字，傳未釋。阮元《校記乙》同。

三葉十八行注　祖業隤隕。 ○山井鼎《考文》：祖業隤隕。〔古本〕下有「也」字。

三葉十八行釋文　予。如字。 「予」上平有「閔」字。「予」，十作「寻」。

四葉二行注　絶其資用惠澤於下民。 「於」，纂作「于」。

四葉三行釋文　殄。大見反。 「大」，平作「犬」。

四葉三行經　既我御事。 「既」，石、八、李、纂、平、岳、十、永、閩、庫、阮作「即」。○山井鼎《考文》：既我御事。〔古本〕「既」作「即」。謹按但萬曆與崇禎本同。○浦鏜《正字》：即我御事，罔或耆壽俊在厥服。「即」誤「既」。○《薈要》案語：即我御事。刊本「即」訛「既」，今改。○盧文弨《拾補》：即我御事。毛本「即」作「既」。「既」當作「即」。○阮元《校記甲》：既我御事。「既」，唐石經、古、岳、十行、閩、葛俱作「即」。按：作「即」是也。王鳴盛曰：傳及疏亦皆言「即」。又按：漢書成帝紀：鴻嘉元年詔曰「書不云乎，即我御事」。文穎注云：「即」，尚書文侯之命篇中辭也。○阮元《校記乙》：即我御事。唐石經、古本、岳本、閩本、葛本、毛本「即」作「既」。按：作「即」是也。王鳴盛曰：傳及疏亦皆言「即」。及（又）按：漢書成帝紀：鴻嘉元年詔曰「書不云乎，即我御事」。文穎注云：「即」，尚書文侯之命篇中辭也。

四葉五行注　無有耇宿壽考俊德在其服位。　○山井鼎《考文》：壽考俊德。〔古本〕「俊」作「儁」。○盧文弨《拾補》：無有耇宿壽考俊德在其服位。「俊」，古本作「儁」。○阮元《校記甲》：無有耇宿壽考俊德。「俊」，古本作「儁」。阮元《校記乙》同。

四葉七行疏　致使而王澤竭也。　「而」，殿、庫作「前」。○《定本校記》：言下民資用盡，致使而王澤竭也。「致使」二字疑衍。

四葉十三行疏　謂犬戎也。　「犬」，單作「大」。

四葉十五行疏　非平王所知。　「王」，毛作「生」。○盧文弨《拾補》：國之興亾，非平王所知。毛本「王」作「生」。「生」當作「王」。○阮元《校記甲》：非平生所知。「生」，十行、閩、監、纂傳俱作「王」。按：「生」字大誤。○阮元《校記乙》：非平王所知。閩本、明監本、纂傳同。毛本「王」誤作「生」，大謬。

四葉十八行經　其惟當憂念我身。　○阮元《校記甲》：其惟當憂念我身。「惟」，纂傳作「誰」。○阮元《校記乙》：其惟當憂念我。纂傳「惟」作「誰」。○汪文臺《識語》：其惟當憂念我。纂傳「惟」作「誰」。案：疏「伊訓惟也」，纂傳非。

四葉十八行注 嗚呼。能有成功。 ○山井鼎《考文》：嗚呼，能有成功。〔古本〕「嗚呼」作「於乎」。○阮元《校記甲》：嗚呼，能有成功。「嗚呼」，古本作「於乎」。阮元《校記乙》同。○《定本校記》：能有成功。九條本、内野本、神宮本無「成」字，清原宣賢手鈔本引家本亦無。

五葉一行經 汝克紹乃顯祖。 「紹」，石、八、李、王、纂、平、岳作「昭」。○山井鼎《考文》：紹乃顯祖。〔古本〕「紹」作「昭」，宋板、蔡本同。○岳本《考證》：汝克昭乃顯祖。「昭」，蔡沈集傳本與此同，殿本、閣本並作「紹」。○盧文弨《拾補》：汝克紹乃顯祖。「紹」，古本、宋本、蔡傳本皆作「昭」。○阮元《校記甲》：汝克紹乃顯祖。「紹」，唐石經、古、岳、宋板、蔡傳俱作「昭」。石經考文提要云：孔安國傳「汝能明汝顯祖唐叔之道」。「明」，訓「昭」也。按：疏云「昭乃顯祖，不知所斥」。是宜作「昭」明矣。今本因下「紹乃辟」而誤。○阮元《校記乙》：汝克紹乃顯祖。唐石經、古本、岳本、宋板、蔡傳「紹」作「昭」。「紹」字非也，毛本亦誤。石經考文提要云：孔安國傳「汝能明汝顯祖唐叔之道」。「明」，訓「昭」也。按：疏云「昭乃顯祖，不知所斥」。是宜作「昭」明矣。此殆因下「紹乃辟」而誤。

五葉三行注 獎之。 「獎」，纂作「奬」。「之」下王、纂有釋文「重，直用反」四字，平有釋文「重稱，上直用反」六字。○物觀《補遺》：〔補脱〕重稱，上直用反〔據經典釋文〕。○浦鏜《正字》：「重，直用切」四字脱。

五葉三行經　汝肇刑文武。「肇」，王、纂、岳、十、永、閩、毛、殿、阮作「肇」。

五葉三行注　言汝今始法文武之道矣。〇山井鼎《考文》：言汝今始法文武之道矣。〔古本〕「汝」作「爾」。〇阮元《校記甲》：言汝今始法文武之道矣。「汝」，古本作「爾」。

五葉六行釋文　辟。扶亦反。「辟」上平有「乃」字。

五葉七行注　言汝之功多甚修矣。〇《定本校記》：言汝之功多甚修矣。内野本、神宫本無「功」字，清原宣賢手鈔本引家本亦無。

五葉八行注　謂救周誅犬戎。〇山井鼎《考文》：謂救周誅犬戎。〔古本〕下有「也」字。

五葉八行注　汝功我所善之。「善」下王、岳無「之」字。〇山井鼎《考文》：汝功我所善之。〔古本〕「汝」下有「之」字。〇阮文《校記甲》：汝功我所善之。「汝」下古本有「之」字。「善」下岳本無「之」字，與疏標目合。〇阮元《校記乙》：汝功我所善之。古本「汝」下有「之」字。岳本「善」下無「之」字，與疏標目合。〇《定本校記》：汝功我所善。「善」下注疏本有「之」字，與疏標題不合，今從岳本。「汝」下九條本、内野本、神宫本、足利有「之」字。

五葉八行釋文　扞。下旦反。註同。「註」，纂作「住」。

五葉九行疏　同姓諸侯。　「侯」，十作「矦」。

五葉十行疏　惟恃賴諸侯也。　「恃」，阮作「將」。

五葉十一行疏　用是道合會繼汝君以善。　「合會」，殿、庫作「會合」。

五葉十一行疏　追孝於前世文德之人。　「追」，十作「迫」。

五葉十一行疏　救周之國。　「國」，單、八作「日」。○山井鼎《考文》：救周之國。〔宋板〕「國」作「日」。○盧文弨《拾補》：救周之日，汝功爲多。毛本「日」作「國」。「國」當作「日」。○阮元《校記甲》：救周之國。「國」，宋板作「日」。

五葉十二行疏　乃能扞蔽我於艱難。　「扞」，單作「扜」。

五葉十二行疏　陳其前功以勸勉之。　「之」下殿、庫有「也」字。

五葉十二行疏　王曰至諸侯。　「王」，毛作「義」。○盧文弨《拾補》：王曰至諸侯。毛本「王」作「義」。「義」當作「王」。○阮元《校記甲》：傳義曰至諸侯。「義」，十行、閩、監俱作「王」。按：「王」字與注合。

五葉十四行疏　伊。訓惟也。　○阮元《校記甲》：伊，訓惟也。「惟」，纂傳作「誰」。按：「伊」，止訓「維」，不訓「誰」。要之，「維」亦有「誰」義。爾雅：「伊，維，侯也。」詩云：「侯誰在矣。」又曰：「伊誰云從。」

五葉十四行疏　望得同姓之間有憂已者。以思謂未得。更歎而爲言。「間」，單、平作「閒」。「未」，永作「末」。「更」下單、八、平有「復」字。○山井鼎《考文》：更歎而爲言。〔宋板〕「更」下有「復」字。○浦鏜《正字》：以思謂未得，更歎而爲言。「謂」當「惟」字誤。○盧文弨《拾補》：望得同姓之國有憂己者，以思謂未得，更復歎而爲言。毛本「國」作「間」。「間」當作「國」。浦云「謂」是「惟」之誤。毛本脱「復」字。○阮元《校記甲》：以思謂未得。浦鏜云：「謂」當「惟」字誤。按：浦云是也。又：更歎而爲言。「更」下宋板有「復」字，是也。阮元《校記乙》同。

五葉十七行疏　君父之前曰名。朋友之交曰字。「曰名」，單、八、平、要作「白名」。「朋」，要作「明」。「曰字」，單、平、要作「白字」。○山井鼎《考文》：禮，君父之前曰名。〔宋板〕「曰」作「白」。下「曰」字同。○盧文弨《拾補》：禮，君父之前白名，朋友之交白字。毛本兩「白」字均作「曰」。「曰」當作「白」。○阮元《校記甲》：禮，君父之前曰名，朋友之交曰字。兩「曰」字宋板並作「白」。

五葉十八行疏　不於上文作傳。「於」上「不」字八作空白。○物觀《補遺》：不於上文。宋板「不」字闕。○阮元《校記甲》：不於上文作傳。宋板「不」字闕。阮元《校記乙》同。

六葉二行疏　言汝至爲孝。　「至」下平無「爲」字。

六葉六行疏　故云汝之功多甚修矣。　「甚」，平作「其」。

六葉六行疏　美其功之善也。　「其」下永無「功」字。

六葉七行疏　我所善也。　「善」，阮作「嘉」。

六葉七行疏　王肅云。云如汝之功。　「如」上單、平不重「云」字。○山井鼎《考文》：王肅云云。〔宋板〕無一「云」字。○盧文弨《拾補》：王肅云。宋本「云」字不重。毛本重，當删。○阮元《校記甲》：王肅云云。「云」，古本不重。按：「云云」，疑當作「亦云」。○阮元《校記乙》：王肅云云。古本「云」字不重。按：「云云」，疑當作「亦云」。

六葉七行疏　我所嘉也。　「嘉」，阮作「善」。

六葉八行注　遣令還晉國。　「遣」，平作「追」。○山井鼎《考文》：遣令還晉國。〔古本〕下有「也」字。「圭瓚可知」下、「藏示子孫」下並同。

六葉九行釋文　令。力呈反。　「令」上平有「遣」字。

六葉十行注　黑黍曰秬。　「黑」，王作「里」。

六葉十行注　中罇也。　「罇」，十作「鐏」。

六葉十一行釋文　卣。音酉。又音由。「由」，王、十、永、閩作「卣」。

六葉十一行釋文　釀。女亮反。「釀」，王作「譲」。

六葉十二行經　盧弓一。盧矢百。○山井鼎《考文》：盧弓一，盧矢百。〔古本〕「盧」作「玈」。傳同。○盧文弨《拾補》：盧弓一，盧矢百。古本上「盧」字作「玈」。下及傳竝同，疏亦同。○阮元《校記甲》：盧弓一，盧矢百。兩「盧」字古本並作「玈」。傳同。按：正義中「玈」字凡六見，且曰「彤字從丹，玈字從元，故彤赤玈黑也」。據此，則可知尚書經文、傳文皆本作「玈」。今經、傳皆作「盧」者，未知正義本與陸氏釋文本所據有異，抑陸氏本亦作「玈」，天寶三載改作「盧」？音義中「玈」字爲宋開寶中所删。周禮司弓矢疏云：文侯之命，賜之彤弓玈弓。此段玉裁説也，其詳在尚書撰異。○阮元《校記乙》：盧弓一，盧矢百。古本「盧」並作「玈」，傳同。按：正義中「玈」字凡六見，且曰「彤字從丹，玈字從元，故彤赤、玈黑也」。據此，則可知尚書經文、傳文皆作「玈」。今經、傳皆作「盧」者，未知正義本與陸氏釋文本作據有異，抑陸氏本亦作「玈」，天寶三載改作「盧」？音義中「玈」字爲宋開寶中所删。周禮司弓矢疏云：文侯之命，賜之彤弓玈弓。此段玉裁説也，其詳在尚書撰異。○《定本校記》：玈弓一，玈矢百。「玈」，各本作「盧」，不與疏合。今從九條本、内野本、足利本。

六葉十二行注　盧。黑也。　○《定本校記》：玈，黑也。「玈」，各本作「盧」，今從内野本。「黑」下内野本、神宫本有「色」字，清原宣賢手鈔本引家本亦有。

六葉十三行注　彤弓以講德習射。　「講」，李作「誁」。○阮元《校記甲》：彤弓以講德習射。毛氏曰：「弓」作「兮」，誤。○《定本校記》：彤弓以講德習射。「弓」下内野本、神宫本有「矢」字。

六葉十四行釋文　彤。徒冬反。　「反」，閩作「耳」。

六葉十四行注　侯伯之賜無常。　「無」，王作「无」。

六葉十五行注　以功大小爲度。　「爲」，要作「無」。

六葉十五行釋文　供。音恭。　「供」上平有「馬」字。

六葉十七行注　必能柔近。　○山井鼎《考文》：必能柔近。〔古本〕「近」作「邇」。○阮元《校記甲》：必能柔近。「近」，古本作「邇」。

六葉十七行注　安小人之道必以順。　○山井鼎《考文》：安小人之道。〔古本〕「人」作「民」。下「荒廢人事」、「都鄙之人」、「人和政治」共同。○盧文弨《拾補》：安小人之道必以順。古本「人」作「民」，下竝同。○阮元《校記甲》：安小人之道。「人」，古本作「民」，下竝同。○《定本校記》：安小人之道必以順。「人」，九條本、内野本、神宫本、足利本作

「民」。清原宣賢手鈔本引家本亦然。

六葉十七行注　無荒廢人事而自安。　「無」，王作「无」。○《定本校記》：無荒廢人事而自安。「人」，九條本、内野本、神宮本、足利本作「民」。

六葉十八行注　當簡核汝所任。　○《定本校記》：當簡核汝所任。九條本、内野本、神宮本無「汝」字。

七葉一行注　憂治汝都鄙之人。　○《定本校記》：憂治汝都鄙之人。「人」，九條本、内野本、神宮本、足利本作「民」，清原宣賢手鈔本引家本亦然。

七葉一行注　人和政治。　○《定本校記》：人和政治。「人」，九條本、内野本、神宮本、足利本作「民」，清原宣賢手鈔本引家本亦然。

七葉二行注　由近以及遠。　○山井鼎《考文》：由近以及遠。〔古本〕下有「也」字。

七葉二行釋文　核。戶革反。　「戶」，阮作「尹」。

七葉二行疏　正義曰。　「正」，毛作「止」。

七葉六行疏　戒使歸國善治民也。　「使」，庫作「伙」。

七葉八行疏　又有啚人掌共秬鬯。　「共」，阮作「供」。

七葉八行疏　芬香調暢於上下也。　○浦鏜《正字》：芬香條暢於上下也。「條」誤「調」。

七葉十一行疏　郭璞曰。　「曰」，庫作「云」。

七葉十一行疏　在罍彝之間。　「間」，單作「閒」。

七葉十一行疏　即犧象壺著大山等六尊是也。　「壺」，十、殿、庫、阮作「壺」。○盧文弨《拾補》：即犧象壺著大山等六尊是也。毛本「壺」作「壺」。「壺」當作「壺」。

七葉十二行疏　春祠夏禴。　「禴」，永作「禴」。

七葉十二行疏　則祭時實鬯酒於彝。　「祭」上要無「則」字。

七葉十三行疏　詩稱告于文人。　「于」，庫作「於」。

七葉十四行疏　告其先祖。諸有德美見記也。　○浦鏜《正字》：告其先祖，諸有德美見記者。「者」誤「也」。○盧文弨《拾補》：告其先祖，諸有德美見記者。毛本「者」譌作「也」。○阮元《校記甲》：告其先祖，諸有德美見記也。浦鏜云：「者」誤「也」。阮元《校記乙》同。

七葉十六行疏　是諸侯有大功。　「功」，阮作「弓」。○浦鏜《正字》：是諸侯有大功。「是」當衍文。○盧文弨《拾補》：是諸侯有大弓。「是」，浦疑衍。○阮元《校記甲》：是諸侯有大功。浦鏜云：「是」當衍文。阮元《校記乙》同。○劉承幹《校記》：是諸侯有大功。浦鏜云：「是」當衍文。阮本「大功」作「大弓」，誤。○《定本校記》：是諸侯有大功。浦氏云：

「是」當衍文。

七葉十六行疏　然後專征伐。　「伐」，毛作「代」。○浦鏜《正字》：賜弓矢，然後專征伐。「伐」，毛本誤「代」。○盧文弨《拾補》：賜弓矢，然後專征伐。毛本「伐」作「代」。「代」當作「伐」。○阮元《校記甲》：然後專征代。「代」，十行、閩本俱作「伐」，是也。

七葉十六行疏　其名王弧夾庾唐大。　「弧」，八作「弧」。

七葉十七行疏　曰王弧。　「弧」，八作「弧」。

七葉十七行疏　曰夾庾。　「庾」，永作「瘐」。

八葉二行疏　彤旅於弓赤黑之色。　「於」，單、八、平、要、十、永、殿、庫、阮作「是」。○物觀《補遺》：彤旅於弓。〔宋板〕「於」作「是」。○浦鏜《正字》：彤旅是弓赤黑之色。「是」誤「於」。○盧文弨《拾補》：彤旅是弓赤黑之色。毛本「是」作「於」。「於」當作「是」。○阮元《校記甲》：彤旅於弓赤黑之色。「於」，宋板、十行、閩本俱作「是」。

八葉二行疏　此傳及毛傳皆云。　「此」，毛作「比」。○浦鏜《正字》：此傳及毛傳云云。「此」誤「比」。○盧文弨《拾補》：此傳及毛傳云云。毛本「此」作「比」。「比」當作「此」。

八葉三行疏　講論知其有德。　「論」下要無「知」字。

八葉四行疏　受彤弓于襄王。　「于」，庫作「於」。

八葉五行疏　周禮校人云。　「校」，毛作「挍」。○浦鏜《正字》：周禮校人云云。「校」，毛本誤「挍」，下同。○阮元《校記甲》：周禮挍人云。「挍」，十行、閩、監俱作「校」。

八葉六行疏　父往至相安。　「相」，單、八作「自」。○山井鼎《考文》：父往至相安。〔宋板〕「相」作「自」。○盧文弨《拾補》：父往至自安。毛本「自」作「相」。「相」當作「自」。○阮元《校記甲》：傳父往至相安。「相」，宋板作「自」，與注合。阮元《校記乙》同。

八葉九行疏　正義曰。簡恤者。共有爾都之文。　「文」，十作「人」。○浦鏜《正字》：簡恤者，共有爾都之文。「者」疑。○盧文弨《拾補》：簡恤者，共有爾都之文。「者」字疑衍。

八葉十一行疏　鄙。邊邑也。　「鄙」，單作「都」。○《定本校記》：鄙，邊邑也。「鄙」，單疏本誤作「都」。

費誓第三十一

八葉十二行經　費誓第三十一　「三十」，石作「卅」。

八葉十四行經　魯侯伯禽宅曲阜。　「侯」下王有「命」字。○阮元《校記甲》：魯侯伯禽宅曲阜。史繩祖學齋占畢云：今文尚書費誓首句云「魯侯命伯禽宅曲阜」。予嘗疑魯侯即伯禽也，如何更自出命。此字極害義，諸家注解咸莫能剖析。今觀古文尚書元無「命」字，止曰「炗戻柏𠎫乇凸𡊅」，則今文衍字涣然冰釋矣。按：注疏及諸家本俱無「命」字。匡謬正俗引此序亦無「命」字，惟薛氏書古文訓有之。史氏謂惟古文無「命」字，殊不可解。阮元《校記乙》同。

八葉十四行注　始封之國居曲阜。「始」，十、阮作「治」。

八葉十四行經　徐夷並興。「夷」，纂作「戎」。

八葉十五行經　東郊不開。「開」，平作「開」。○阮元《校記甲》：東郊不開。「開」，唐石經初作「闢」，後磨改。匡謬正俗曰：費誓序云「魯侯伯禽宅曲阜，徐夷竝興，東郊不闢」。孔安國注云：徐戎、淮夷竝起爲寇於東，故東郊不開。徐邈音「開」。按：許氏説文解字及張揖古今字詁：「𨳡」，古「開」字。「閞」，古「闢」字。但「闢」既訓「開」，故孔氏釋云「東郊不開」爾，不得徑讀「闢」爲「開」。按：古文作「閞」，則今文自宜作「闢」。先儒以「閞」、「𨳡」相似，故誤讀「𨳡」爲「開」。而今文尚書又徑改爲「開」，失之遠矣。阮元《校記乙》同。

八葉十五行注　並起爲寇於魯。○山井鼎《考文》：爲寇於魯。〔古本〕下有「東」字。○盧文弨《拾補》：徐戎淮夷竝起，爲寇於魯。古本「魯」下有「東」字。○阮元《校記甲》：

並起爲寇於魯。「並」上古本有「以」字，似誤。「魯」下古本有「東」字。按：疏云「此戎夷在魯之東」，似釋傳「魯東」之義。匡謬正俗引此，有「東」字無「魯」字。阮元《校記乙》同。（彙校者案：「『並』上古本有『以』字，依物觀《補遺》，當在下經文『淮夷徐戎並興』注『並起爲寇』下。」）○《定本校記》：並起爲寇於魯。「魯」下九條本、内野本、神宮本、足利本有「東」字，清原宣賢手鈔本引家本亦有。

八葉十六行釋文　開。舊讀皆作開。　「開」上平、殿、庫有「不」字。○阮元《校記甲》：不開。舊讀皆作「開」。馬本作「闢」。段玉裁云：「開」當作「閞」。「閞」，古文「闢」字。説文：「闢」，開也，從門辟聲。虞書：閞四門，從門從𠬞。云「舊讀」不云「舊本」，謂其音也，非謂其字也。顔氏匡謬正俗云：費誓序「東郊不闢」。案：説文及古今字詁：「闢」，古「闢」字。「闢」訓「開」。故孔氏釋云「東郊不開」，不得徑讀「閞」爲「開」。亦正俗讀之非也。

八葉十六行經　作費誓。　○阮元《校記甲》：作費誓。按：史記魯世家云：作肹誓。集解駰案：尚書作「粊」。孔安國曰：魯東郊之地名也。索隱亦云尚書作「粊」。蓋並据古文尚書也。阮元《校記乙》同。

九葉一行注　猶詩録商魯之頌。　○山井鼎《考文》：商魯之頌。〔古本〕下有「也」字。下注「帥之以征」下同。

九葉二行疏　「魯侯至費誓○正義曰」至「故庚郊之門不開」。　疏文「魯侯至費誓」至「故東郊之門不開」殿在「作費誓」節經傳下。○浦鏜《正字》：費誓下疏「魯侯」至「東郊之門不開。」一百二十字當在上序傳下。○盧文弨《拾補》：魯侯至費誓。自此至「故東郊之門不開」止，當在上序傳下。○「魯侯至費誓○正義曰」至「故東郊之門不開」，定本在上序傳「猶詩録商魯之頌」下。《定本校記》：費誓。此經傳〔足利〕八行本在「作費誓」下，今從殿本、浦氏。

九葉三行疏　並起爲寇於魯。　「寇」下要無「於魯」二字。

九葉四行疏　不敢開闢。　「開」，平作「開」。

九葉四行疏　徐戎至不開。　「開」，平作「開」。

九葉七行疏　東郊不開。　「開」，平作「開」。

九葉七行疏　具糗糧。　「糗」，十作「糗」，永作「糗」。

九葉九行經　嗟。人無譁。聽命。　○山井鼎《考文》：嗟，人無譁，聽命。〔古本〕「無」作「亡」。「命」上有「予」字。○盧文弨《拾補》：人無譁，聽命。古本「聽」下有「予」字。○阮元《校記甲》：公曰：嗟，人無譁，聽命。「命」上古本有「予」字。阮元《校記乙》同。○《定本校記》：公曰：嗟，人無譁，聽命。「命」上內野本、神宮本、足利本有「予」字，清原宣賢手鈔本引家本亦有。

九葉九行注　監七百里內之諸侯。「百」，王作「伯」。

九葉十行注　歎而勑之。使無喧譁。「喧」，李、纂、岳作「諠」。○山井鼎《考文》：歎而勑之，使無喧譁。〔古本〕「之」作「以」。○盧文弨《拾補》：歎而勑之，使無喧譁。古本「之」作「以」。○阮元《校記甲》：歎而勑之。「之」，古本作「以」。

九葉十行釋文　譁。户瓜反。「譁」，平作「諱」。「瓜」，王、平、十、永、阮作「爪」。

九葉十一行釋文　監。工銜反。「工」，平作「土」。「銜」，王、永作「衘」，十作「御」。

九葉十一行經　徂茲淮夷徐戎並興。「徂」，十作「但」。

九葉十一行注　今往征此淮浦之夷。「往」，十作「住」。

九葉十二行注　徐州之戎。「戎」，平作「戍」。

九葉十二行注　並起爲寇。○山井鼎《考文》：並起爲寇。〔古本〕下有「也」字。「弓調矢利」下同。○物觀《補遺》：並起爲寇。古本「並」上有「以」字。○《定本校記》：並起爲寇。「並」上九條本、內野本、神宮本、足利本有「以」字，清原宣賢手鈔本引家本亦有。

九葉十二行注　帝王所羈縻統敘。「敘」，纂作「緒」。

九葉十三行經　善敹乃甲胄。「敹」，八作「𢿱」，平、岳作「敹」。「胄」，平作「胃」。○山井鼎《考文》：善𣪊乃甲胄。宋板「𣪊」作「𢿱」，疏同。謹按 考字書，宋板爲是。○岳本《考證》：善敹乃甲胄。「敹」，諸本作「敹」。案字書應從「敹」。○盧文弨《拾補》：善𣪊乃甲胄。「𣪊」，宋本作「𢿱」，今從説文。「胄」，從「冃」，與從「月」不同。○阮元《校記甲》：善敹乃甲胄。山井鼎曰：宋板「𣪊」作「𢿱」，疏同。考字書，宋板爲是。按：毛本作「敹」，不作「𣪊」也。唐石經、岳本、十行本俱作「敹」。考説文宜作「敹」，諸本並誤。○阮元《校記乙》：善敹乃甲胄。山井鼎曰：宋板「敹」作「𢿱」，疏同。考字書，宋板爲是。按：毛本作「敹」，不作「𣪊」也。唐石經、岳本俱作「敹」。考説文宜作「敹」。諸本並誤。

九葉十三行經　敿乃干。「干」，平作「于」。

九葉十四行經　無敢不弔。○山井鼎《考文》：「無敢不弔」、「無敢寇攘」、「無敢不逮」、「有無餘刑」，〔古本〕「無」並作「亡」。

九葉十四行注　言當善簡汝甲鎧胄兜鍪。「胄」，毛作「胃」。「鍪」，十作「鏊」。○浦鏜《正字》：言當善簡汝甲鎧胄兜鍪。「胄」，毛本誤「胃」。○《定本校記》：言當善簡汝甲鎧胄兜鍪。九條本、内野本、神宫本無「甲」、「胄」二字，清原宣賢手鈔本引家本亦無。

九葉十四行注　無敢不令至攻堅使可用。　「無」，王作「无」。

九葉十五行釋文　斁。了彫反。　「斁」，阮作「斅」。

九葉十五行釋文　兜。丁侯反。　「丁」，永作「于」。○阮元《校記甲》：兜，子侯反。「子」，十行本、毛本俱作「丁」字。按「丁」字是也。

九葉十六行釋文　楯。常準反。　「準」，平作「淮」。

九葉十六行釋文　紛。芳云反。令。力呈反。　「芳云反」下纂無「令，力呈反」四字。「令」上平有「不」字。

九葉十六行經　鍛乃戈矛。　「鍛」，王、永作「鍜」。

九葉十六行經　礪乃鋒刃。　「刃」，李作「刀」。○《定本校記》：礪乃鋒刃。九條本、内野本、神宫本無「鋒」字。

九葉十七行注　鍛鍊戈矛。　「鍛」，王、平、永作「鍜」。

九葉十八行釋文　鍛。丁亂反。　「鍛」，王、平、永作「鍜」。

九葉十八行釋文　礪。力世反。　「礪」，十作「砅」。

十葉一行疏　在往征此淮浦之夷。「在」，單、八、平、殿、庫作「今」。○山井鼎《考文》：在往征此淮浦之夷。宋板「在」作「今」。○盧文弨《拾補》：今往征此淮北(浦)之夷。毛本「今」作「在」。「在」當作「今」。○阮元《校記甲》：在往征此淮浦之夷。「在」，宋板作「今」。○阮元《校記乙》：在往征此淮浦之夷。宋板作「今在」。(彙校者案：當作：宋板「在」作「今」。)

十葉二行疏　無敢不令至攻極堅。○盧文弨《拾補》：無敢不令至極攻堅。「極攻」，毛本作「攻極」，依下文乙。「攻」、「功」皆與「工」同。

十葉三行疏　鍛鍊汝之戈矛。「鍛」，平、永作「鍜」。

十葉三行疏　磨礪汝之鋒刃。「礪」，十作「砺」。

十葉六行疏　即周禮大宗伯云。「大」，平作「太」。

十葉七行疏　監此七百里内之諸侯。「監」下要無「此」字。

十葉七行疏　下云魯人三郊三遂。「三郊」，十作「二郊」。

十葉九行疏　令填塞坑穽。「坑」，單作「坈」。

十葉十行疏　知淮夷是淮浦之夷。「淮夷」，八作「淮浦」。○《定本校記》：知淮夷是淮浦之夷。上「夷」字(足利)八行本誤作「浦」。

十葉十二行疏　**此伯禽之時有淮浦者。淮浦之夷並起。**　○浦鏜《正字》：有徐戎與淮浦之夷並起。「徐戎與」三字誤「淮浦者」。○盧文弨《拾補》：有淮浦者，淮浦之夷竝起。浦云「淮浦者」三字誤，當作「徐戎與」。○《定本校記》：此伯禽之時有淮浦者，淮浦之夷並起。「淮浦者」三字疑衍。

十葉十二行疏　**詩美宣王命召穆公平淮夷。**　「宣」下要無「王」字。

十葉十三行疏　**秦始皇逐出之。**　「出」下要無「之」字。

十葉十三行疏　**古老猶在。**　「猶」，十、永作「尤」，閩作「由」，阮作「九」。

十葉十五行疏　**説文云。**　「文」上單無「説」字。

十葉十六行疏　**秦漢巳來用鐵。**　「巳」，庫作「以」。

十葉十七行疏　**故令敹簡取其善者。**　「敹」，十作「冣」。

十葉十七行疏　**謂穿徹之。**　「徹」，單作「徹」。

十葉十七行疏　**當使敹理穿治之。**　「治」，要作「理」。

十葉十七行疏　**干。是楯也。**　「干」，毛作「于」。○浦鏜《正字》：干是楯也。「干」，毛本誤「于」。下同。

十葉十七行疏　**斆乃干。**「干」，毛作「于」。

十葉十八行疏　**故以爲施汝楯紛紛如綬而小。**「綬」，平作「緩」。

十葉十八行疏　**其以爲飾。**「飾」，要作「餙」。○浦鏜《正字》：繫於楯以持之，且以爲飾。「且」誤「其」。○盧文弨《拾補》：紛如綬而小。繫於楯以持之，且以爲飾。毛本「且」作「其」，浦改，當作「且」。○阮元《校記甲》：其以爲飾。浦鏜云：「且」誤「其」。阮元《校記乙》同。○《定本校記》：其以爲飾。浦氏云：「其」當作「且」。

十一葉一行疏　**猶繫也。**「猶」，十、永、閩作「尤」，阮作「九」。○孫詒讓《校記》：「猶」誤「尤」，下同。

十一葉一行疏　**是相傳爲比説也。**「比」，單、八、魏、平、要、十、永、閩、毛、殿、庫、阮作「此」。○浦鏜《正字》：是相傳爲此説也。「此」，監本誤「比」。

十一葉二行疏　**猶善也。**「猶」，十、永、閩作「尤」，阮作「九」。○孫詒讓《校記》：「猶」誤「尤」。

十一葉二行疏　**弓十矢千。**「十」，平作「千」。

十一葉三行疏　**毛傳云。五十矢爲束。**「矢」，單作「失」。○《定本校記》：五十矢爲束。「矢」，單疏本誤作「失」。

十一葉三行疏　凡金爲兵器。皆須鍛礪。「皆」，毛作「者」。「鍛」，平、永作「鍜」。○物觀《補遺》：金爲兵器者。宋板「者」作「皆」。○浦鏜《正字》：凡金爲兵器，皆須鍛礪。「皆」，毛本誤「者」。○盧文弨《拾補》：凡金爲兵器，皆須鍛礪。毛本「皆」作「者」。「者」當作「皆」。○阮元《校記甲》：凡金爲兵器者，須鍛礪。「者」，宋板、十行、閩、監、纂傳俱作「皆」。按：「者」字非也。

十一葉三行疏　云鍛鍊戈矛。「鍛」，平、永作「鍜」。

十一葉四行疏　令其文互相通。稱諸侯兵器。皆使無敢不功善。「稱」，永作「称」。○盧文弨《拾補》：諸兵器皆使無敢不功善。毛本「諸」下有「侯」字，衍。○《定本校記》：令其文互相通，稱諸侯兵器。「侯」字疑衍。

十一葉五行注　今軍人惟大放舍牿牢之牛馬。○山井鼎《考文》：放舍牿牢之牛馬。謹按後人旁註「牢，一作穽」。下註「牿牢」，古本作「牿穽」，旁注「穽，一作牢。」參差不齊者如此。○阮元《校記甲》：今軍人惟大放舍牿牢之牛馬。山井鼎曰：古本後人旁注「牢，一作穽」。下注「牿牢」，古本作「牿穽」，旁注「穽，一作牢」。阮元《校記乙》同。

十一葉五行注　言軍所在。必放牧也。○《定本校記》：言軍所在，必放牧。「牧」下各本有「也」字，與疏標題不合，今删。

十一葉六行釋文　牿。工毒反。　「牿」，平作「梏」。

十一葉六行經　杜乃擭。　○阮元《校記甲》：杜乃擭。陸氏曰：「杜」，本又作「𢼊」。按：説文「𢼊，閉也，讀若杜」。孫志祖云：周官雍氏注引作「𢼊」。阮元《校記乙》同。

十一葉七行注　擭。捕獸機檻。　「檻」，阮作「楹」。

十一葉七行注　當以土窒斂之。　「土」，纂作「工」。「斂」，李作「歛」。

十一葉八行注　無敢令傷所放牿牢之牛馬。　「無」，王作「无」。「放」，阮作「以」。○山井鼎《考文》：所放牿牢之牛馬。〔古本〕下有「也」字。物觀《補遺》：所放牿牢之牛馬。古本「牢」作「穽」。○《定本校記》：無敢令傷所放牿牢之牛馬。九條本、内野本、神宮本無「牿」字，清原宣賢手鈔本引家本亦無。

十一葉九行釋文　擭。華化反。徐戶覆反。　「擭」，十作「獲」，永作「獲」。○阮元《校記甲》：擭，徐戶覆反。段玉裁云：當作戶覈反。音獲，「覈」譌「覆」，而集韻入一屋。

十一葉九行釋文　穽。在性反。　「在」，平作「任」。

十一葉十行釋文　窒。珍栗反。　「珍」，平作「珎」。

十一葉十行疏　**今惟至常刑。**　「至」，平作「臣」。

十一葉十一行疏　**今軍人惟欲大放舍牿牢之牛馬。**　「牛」，十作「午」。

十一葉十二行疏　**今軍至放牧。**　「放牧」，平作「牧也」。

十一葉十二行疏　**充人掌繫祭祀之牲牷。**　「牲牷」，平作「牲牲」。

十一葉十三行疏　**祀五帝則繫干牢。**　「干」，單、平、十、永、閩、毛、殿、阮作「于」，庫作「於」。

十一葉十三行疏　**校人掌王馬之政。**　「校」，平、毛作「挍」。

十一葉十三行疏　**然則掌牛馬之處。**　「掌」，單、平、十、永、阮作「養」。○山井鼎《考文》：掌牛馬之處。〔宋板〕「掌」作「養」。○盧文弨《拾補》：然則養牛馬之處，謂之牢閑。毛本「養」作「掌」。「掌」當作「養」。○阮元《校記甲》：然則掌牛馬之處。「掌」，宋板、十行俱作「養」。○阮元《校記乙》：然則養牛馬之處。宋板同。毛本「養」作「掌」。

十一葉十六行疏　**鄭玄以牿爲桎牿之牿。施牿於牛馬之脚。**　「桎牿」，單、八、平、永、毛、阮作「桎梏」，十作「桎捁」。「之牿」，單、八、平、永、阮作「之梏」，十作「之捁」。「施牿」，單、八、平、永、阮作「施梏」，十作「施捁」。○山井鼎《考文》：鄭玄以牿爲桎梏之牿，施牿於牛馬之脚。〔宋板〕「牿」作「梏」，下同。○盧文弨《拾補》：鄭玄以牿爲桎梏之梏，施梏於牛馬之脚。「牿」，宋本作「梏」，下同。毛本「之梏」作「之牿」。「之牿」當作「之梏」。○阮元《校記甲》：鄭元以牿爲梏桎之梏。下「牿」字，宋板、十行、閩本俱作「梏」，是也。下同。

十一葉十七行疏　冥氏掌爲阱擭以攻猛獸。　「阱」，殿作「阱」。○《薈要》案語：掌爲阱擭以攻猛獸。刊本「阱」訛「阱」。今改。

十一葉十八行疏　檻以捕虎豹。　○浦鏜《正字》：擭以捕虎豹。「擭」誤「檻」。○阮元《校記甲》：檻以捕虎豹。「檻」，纂傳作「擭」。按：經文「擭」、「穽」相對。疏下云「穽以捕小獸」，則此當作「擭」明矣。浦鏜未見纂傳，亦云「檻」當作「擭」。阮元《校記乙》同。○《定本校記》：檻以捕虎豹。浦氏云「檻」當作「擭」。

十一葉十八行疏　穿地爲深坑。又設機於上。　「坑」，單作「坈」。

十一葉十八行疏　穿地爲深坑。入必不能出其上。　「坑」，單作「坈」。

十二葉一行疏　擭以得獸爲名。　「擭」，要作「檴」。

十二葉一行疏　擭亦設於穽中。　「擭」，要作「檴」。

十二葉二行疏　使之塡坑廢機。　「坑」，單作「坈」，八、要作「坈」。

十二葉二行疏　無敢令傷所放牿牢之牛馬。　「放」，永作「於」。

十二葉二行疏　汝則有殘人畜之常刑。　「常」，要作「帝」。

十二葉三行疏　今律文施機搶作坑穽者。杖一百。傷人之畜産者。償所減價。　「搶」，平、殿、庫作「槍」。「坑」，單作「坈」，八作「坑」，要作「垷」。○浦鏜《正字》：今律文施機槍作坑穽者，杖一百。傷人之畜産者，償所減價。「槍」誤從手旁。「作」、「所減」疑。○盧文弨《拾補》：今律文施機槍作坑穽者，杖一百。毛本「槍」作「搶」。「搶」當作「槍」。○阮元《校記甲》：今律文施機搶作坑穽者，杖一百。浦鏜云「槍」誤「搶」，是也。阮元《校記乙》同。○張鈞衡《校記》：今律文施機槍。阮本「槍」作「搶」，誤。

十二葉三行疏　杜。閑也。　「閑」，單、八、平、要、庫作「閉」。○山井鼎《考文》：杜，閑也。〔宋板〕「閑」作「閉」。○浦鏜《正字》：王肅云：杜，閑也。「閉」誤「閑」。○《薈要》案語：杜，閉也。刊本「閉」訛「閑」，今改。○盧文弨《拾補》：王肅云：杜，閑也。毛本「閑」作「閉」。「閉」當作「閑」。○阮元《校記甲》：王肅云：杜，閑也。「閑」，宋板作「閉」。按：「閑」字非也。○阮元《校記乙》：王肅云：杜，閑也。宋板「閑」作「閉」。按：「閑」字非也。

十二葉三行疏　擭。所以捕禽獸機檻之屬。　「擭」，要作「檴」。

十二葉四行疏　擭作剭也。　「擭」，平作「獲」。○浦鏜《正字》：擭柞鄂也。「柞鄂」誤「作剭」。○盧文弨《拾補》：擭柞鄂也。毛本「鄂」譌「剭」。○阮元《校记甲》：擭作剭也。浦鏜云：「柞鄂」誤「作剽」。阮元《校記乙》同。

十二葉五行經　馬牛其風。臣妾逋逃。勿敢越逐。○阮元《校記甲》：馬牛其風，臣妾逋逃，勿敢越逐。石經考文提要云：「勿敢」，坊本作「無敢」。阮元《校記乙》同。

十二葉七行經　祇復之。「祇」，庫作「祗」。

十二葉七行經　我商賚汝。「汝」，阮作「爾」。

十二葉八行注　衆人其有得佚馬牛逃臣妾。「佚」，平作「失」。

十二葉九行釋文　賚。力代反。徐音來。「徐」，纂作「又」。

十二葉九行釋文　度。待洛反。「洛」，平作「落」。

十二葉九行經　乃越逐不復。○山井鼎《考文》：乃越逐不復。〔古本〕「不」作「弗」。「無敢不供」、「無敢不多」同。

十二葉十行釋文　攘。如羊反。「攘，如羊反」四字纂在「垣，音袁」上。

十二葉十一行注　軍人無敢暴刧人。「無」，王作「无」。

十二葉十二行注　無敢取之。「之」，毛作「人」。○山井鼎《考文》：無敢取人。[正誤]「人」當作「之」。物觀《補遺》：古本、宋板「人」作「之」。○浦鏜《正字》：物有自來者，無敢取之。「之」，毛本誤「人」。○盧文弨《拾補》：物有自來者，無敢取之。毛本「之」作「人」。「人」當作「之」。○阮元《校記甲》：無敢取人。「人」，古、岳、葛本、宋板、十行、閩、監、纂傳俱作「之」。

十二葉十三行注　**軍人盜竊馬牛。**○《定本校記》：軍人盜竊馬牛。「盜竊」二字，九條本、神宫本倒。

十二葉十三行注　**汝則有犯軍令之常刑。**「汝」，十作「没」。

十二葉十四行經　**甲戌。**「戌」，八、王、纂、平、十、永、毛、薈作「戍」。○盧文弨《拾補》：甲戌。毛本「戌」譌作「戍」，下同。

十二葉十四行注　**誓後甲戌之日。**「戌」，八、王、纂、平、十、永、毛、薈作「戍」，李作「戉」。

十二葉十六行注　**無敢不相逮及。**「無」，王作「无」。

十二葉十七行釋文　**爾雅云。具也。**「具」，十、永、閩、阮作「臭」。

十二葉十七行釋文　**糗。去九反。一音昌紹反。**「一」，平作「又」。

十二葉十八行經　**峙乃楨榦。**○阮元《校記甲》：峙乃楨幹。「幹」，唐石經、岳、葛、閩、監俱作「榦」。不誤。阮元《校記乙》同。

十二葉十八行經　甲戌。　「戌」，八、李、王、纂、平、十、永、毛、薈作「戍」。

十二葉十八行注　揔諸侯之兵。　「揔」，毛、殿、庫、阮作「總」。「侯」，八、李、王、纂、平、岳、永、阮作「國」。○山井鼎《考文》：揔諸侯之兵。〔古本〕「侯」作「國」，宋板同。○岳本《考證》：揔諸國之兵。「諸國」，殿本、閣本並作「諸侯」。○盧文弨《拾補》：總諸國之兵，而但稱魯人。毛本「國」作「侯」。「侯」當作「國」。疏同。○阮元《校記甲》：總諸侯之兵。「侯」，古、岳、宋板、十行、纂傳俱作「國」，與宋本注同。○阮元《校記乙》：總諸國之兵。古本、岳本、宋板、纂傳同，與宋本注合。毛本「國」誤作「侯」，疏同。

十二葉十八行注　而但稱魯人峙具楨榦。　「但」，平作「伹」。「稱」，永作「称」。○《定本校記》：而但稱魯人峙具楨榦。九條本、内野本、神宮本無「稱」字，清原宣賢手鈔本引家本亦無。

十三葉二行注　明東郊距守不峙。　「峙」，平作「峭」。○山井鼎《考文》：距守不峙。〔古本〕下有「也」字。

十三葉二行注　甲戌日。　「戌」，八、王、纂、平、永、毛、薈作「戍」，李作「戊」。

十三葉二行注　當築攻敵壘距堙之屬。　「攻」，王作「功」。

十三葉二行釋文　楨徐音貞。　「楨」下纂無「徐」字。

十三葉三行釋文　榦。工翰反。　「翰」，十作「榦」，閩、毛作「幹」。○浦鏜《正字》：榦，工翰切。「翰」，毛本誤「榦」。

十三葉四行注　汝則有無餘之刑。　「有無」，王作「有无」，阮作「無有」。

十三葉五行釋文　供。音恭。　「供」上平有「不」字。

十三葉六行注　郊遂多積芻茭。　「遂」，王作「逐」。

十三葉六行注　供軍牛馬。　○《定本校記》：供軍牛馬。「牛馬」二字内野本、神宮本倒。

十三葉七行注　汝則亦有乏軍興之大刑。　「興」，永作「㒷」。○張鈞衡《校記》：亦有乏軍興之刑。阮本「乏」作「之」，誤。○《定本校記》：不多，汝則亦有乏軍興之大刑。九條本、内野本、神宮本無「汝」字。

十三葉七行疏　馬牛至大刑。　「大」，單作「常」。○《定本校記》：馬牛至常刑。「常」，〔足利〕八行本作「大」，非是。今從單疏本、金刊本。

十三葉七行疏　「馬牛至大刑」至「故云臣妾逋逃也」。　疏文「馬牛至大刑」至「故云臣妾逋逃也」，定本移至上注文「汝則有此常刑」下。「至大刑」，定本作「至常刑」。○《定本校記》：馬牛其風。此節疏〔足利〕八行本在後文「汝則有大刑」下，今移。

十三葉八行疏　其有得逸馬牛逃臣妾。「逸」，平作「迭」，庫作「佚」。

十三葉八行疏　皆敬還復之。「還」下要無「復」字。○浦鏜《正字》：皆敬還復之。「還」字監本誤。

十三葉九行疏　歸於本主。「於」，薈作「于」。

十三葉十行疏　惟有風馬牛不相及也。「惟」，單、八、平、要、十、永、阮作「唯」。「有」，單、八、平、要、永、庫、阮作「是」。「及」下要無「也」字。○山井鼎《考文》：惟有風馬牛不相及也。〔宋板〕「有」作「是」。○浦鏜《正字》：惟是風馬牛不相及也。「是」誤「有」。○盧文弨《拾補》：惟是風馬牛不相及也。毛本「是」作「有」。「有」當作「是」。○阮元《校記甲》：惟有風馬牛不相及也。「有」，宋板、十行、纂傳俱作「是」。按：「有」字與僖四年傳不合。○阮元《校記乙》：惟是風馬牛不相及也。毛本「是」誤作「有」，與僖四年傳不合。

十三葉十行疏　牝牡相誘謂之風。「牝牡」，平作「牡牝」。

十三葉十一行疏　因牝牡相逐而遂至放佚遠去也。「牡」，庫作「壯」。

十三葉十二行疏　周禮。大宰以九職任萬民。「大」，單、八、平、十、永、閩、阮作「太」。

十三葉十三行疏　卜招父與其子卜之。「卜招」之「卜」十作一字墨丁。

十三葉十四行疏　是役人賤者。　「役」上要無「是」字。

十三葉十四行疏　故云臣妾逋逃也。　「逃」，要作「迯」。

十三葉十六行疏　糒。乾飯也。　「飯」，單作「飰」，平作「餘」。

十三葉十七行疏　謂糧儲少不及衆人。　「糧儲」，單、八、平、永、阮作「儲糧」。○山井鼎《考文》：謂糧儲少不及衆人。〔宋板〕「糧儲」作「儲糧」。○盧文弨《拾補》：謂儲糧少不及罛人。毛本「儲糧」作「糧儲」。依宋本乙。○阮元《校記甲》：謂糧儲少。「糧儲」二字宋板、十行俱倒。按：宋本是也。○阮元《校記乙》：謂儲糧少。宋板同。毛〔本〕「儲糧」誤倒。

十三葉十七行疏　汝則有乏軍興之死刑。　「興」，平作「兴」。

十三葉十八行疏　摠諸侯之兵。　「摠」，殿、庫作「總」。「侯」，單、八、平、永、阮作「國」。○山井鼎《考文》：總諸侯之兵。〔宋板〕「侯」作「國」。○阮元《校記甲》：摠諸侯之兵。「侯」，宋板、十行亦俱作「國」。

十三葉十八行疏　而但謂魯人峙具楨榦。　「峙」，十作「崎」。「楨」，平作「偵」。

十四葉二行疏　萬二千五百家爲鄉。　「萬」，平作「万」。

十四葉三行疏　萬二千五百人爲軍。　「五」，十作「二」。

十四葉三行疏　凡起徒役。　「起」上要無「凡」字。「徒」下八、要有「從」字。○山井鼎《考文》：凡起徒役，無過家一人。〈宋板〉「役」上有「從」字。○阮元《校記甲》：凡起徒役。「役」上宋板有「從」字。按：宋本非也，周禮小司徒並無「從」字。○《定本校記》：凡起徒役。「徒」下〈足利〉八行本衍「從」字。

十四葉三行疏　一鄉爲一軍。　「一軍」，要作「三軍」。○《定本校記》：一鄉爲一軍。下「一」字〈足利〉八行本誤作「三」。

十四葉三行疏　出自六鄉。　「鄉」，要作「卿」。

十四葉四行疏　亦當出自三鄉也。　「出」下平無「自」字。

十四葉四行疏　萬二千五百人爲遂。　「人」，單、八、平、要、永、阮作「家」。○山井鼎《考文》：萬二千五百人爲遂。〈宋板〉「人」作「家」。○浦鏜《正字》：萬二千五百家爲遂。「家」誤「人」。○盧文弨《拾補》：萬二千五百家爲遂。毛本「家」作「人」。「人」當作「家」。○阮元《校記甲》：萬二千五百人爲遂。「人」，宋板、十行、纂傳俱作「家」。○阮元《校記乙》：萬二千五百家爲遂。宋板、纂傳同。毛本「家」作「人」。

十四葉四行疏　以歲時稽其人民。　「稽」，十作「楷」。

十四葉九行疏　上云甲戌我惟征徐戎。　「戌」，單、八作「戍」，平、要、十、永、毛、庫作「戊」。

十四葉九行疏　此云甲戌我惟築。　「戌」，單、八作「戍」，平、要、永、閩、毛、庫作「戊」。

十四葉十行疏　環城傅於堞。　「傅」，要、永作「傳」。「堞」，單作「埰」。

十四葉十一行疏　堞。女牆也。　「堞」，單作「埰」。

十四葉十一行疏　周城爲土山及女牆　。　「周」，閩作「同」。

十四葉十四行疏　故云不敢不供。　「不敢」，八、平、永、阮作「無敢」。○浦鏜《正字》：故云無敢不供。「無」誤「不」。○盧文弨《拾補》：故云無敢不供。毛本「無」作「不」。「不」當作「無」。○阮元《校記甲》：故云不敢不供。上「不」字，十行、纂傳俱作「無」，與經合。

十四葉十六行疏　不遺其種類。　「其」下要無「種」字。

十四葉十七行疏　反則入於罪隸舂稾。　「舂」，平作「春」。

十四葉十七行疏　其奴男子入于罪隸。　「于」，要、庫、阮作「於」。

十四葉十七行疏　女子入於舂稾。　「舂」，閩作「春」。

十四葉十八行疏　輸於罪隸舂人稾人之官也。　○浦鏜《正字》：輸於罪隸舂人稾人之官也。「舂」，監本誤「春」。

十五葉一行疏　蓋亦權以脅之。　「權」，閩作「懽」。

十五葉一行疏　○芻茭。○正義曰。鄭云。　「○芻茭。○正義曰」，殿、庫作「芻茭」。

秦誓第三十二

十五葉二行經　秦誓第三十二　「三十」，石作「卅」。

十五葉四行注　遣三帥帥師往伐之。　上「帥」字，李作「師」。

十五葉四行釋文　事見魯僖公三十三年。　「事見」上纂有「陸云」二字，平、殿、庫有「秦穆公伐鄭」五字。

十五葉四行釋文　三帥。謂孟明視。西乞術。白乙丙。帥。色類反。下註同。　「三帥」，十、永、作「三師」。「三帥」下纂、平、殿、庫有「色類反，下註同」六字。「白乙丙」下，纂、平、殿、庫無「帥，色類反，下註同」七字。「類」，十作「纇」。

十五葉六行注　囚其三帥。　「囚」，李作「因」。「帥」，平作「師」。

十五葉九行疏　「秦穆至秦誓○正義曰」至「則師亦少有還者」。　疏文「秦穆至秦誓」至「則師亦少有還者」殿在「作秦誓」節經傳下。○浦鏜《正字》：秦誓下疏。當在上序傳下。○

盧文弨《拾補》：秦穆至秦誓。自此至「則師亦少有還者」止，當在上序傳下。○「秦穆至秦誓○正義曰」至「則師亦少有還者」，定本在上序傳「秦穆公悔過作誓」下。《定本校記》：秦誓。此經傳，〔足利〕八行本在「作秦誓」下。今從殿本、浦氏。

十五葉九行注　悔ˇ而自誓。○山井鼎《考文》：悔而自誓。〔古本〕「悔」下有「過」字。○盧文弨《拾補》：悔而自誓。古本「悔」下有「過」字。○阮元《校記甲》：悔而自誓。「悔」下宋板有「過」字。阮元《校記乙》同。○《定本校記》：悔而自誓。「悔」下内野本、神宮本、足利本有「過」字。

十五葉十一行疏　後晉舍三帥△。「帥」，十作「師」。

十五葉十二行疏　左傳僖三△十年。「三」，十作「二」。

十五葉十二行疏　晉文公與秦△穆公圍鄭。「秦」，阮作「鄭」。○張鈞衡《校記》：晉文公與秦穆公圍鄭。阮本「秦」作「鄭」，誤。

十五葉十二行疏　秦伯竊△與鄭人盟。「竊」，要作「說」。

十五葉十三行疏　使杞子逢孫揚△孫戍△之。「揚」，要作「楊」。「戍」，單、八、平、要、十、永、毛、殿、庫、阮作「戍」。○浦鏜《正字》：使杞子逢孫楊孫戍之。「楊」，毛本誤「揚」。○盧文弨《拾補》：使杞子逢孫楊孫戍之。毛本「楊」譌作「揚」。

十五葉十四行疏　使出師伐鄭。「伐」，要作「代」。

十五葉十五行疏　殽在弘農澠池縣西。「弘」，要作「宏」。

十五葉十六行疏　崤山險阨。「阨」，十、閩作「呃」。

十六葉一行疏　以牛十二犒師。「犒」，永作「槁」。

十六葉二行疏　墨縗經。「經」，單、八、平、十、永、閩、毛、殿、阮作「絰」。○殿本《考證》：襄公在喪，墨縗絰。「絰」，監本訛「經」，今改正。○浦鏜《正字》：襄公在喪，墨縗經。「經」，監本誤「絰」。○阮元《校記甲》：墨縗經。「經」，監本誤作「絰」。

十六葉三行疏　囚其三帥也。「帥」，十、永作「師」。

十六葉四行疏　又春秋經書此事云。「春」上要無「又」字。

十六葉四行疏　晉人及姜戎敗秦師于殽。「人」，阮作「侯」。

十六葉五行疏　而云大夫將兵。「將」下要無「兵」字。

十六葉六行疏　故告辭略也。「告」，要、阮作「言」。○劉承幹《校記》：故告辭略也。阮本「告」作「言」，誤。

十六葉七行疏　彼實構吾二君。「彼」，單作「皮」。

十六葉九行疏　曰。孤違蹇叔。「孤」，八作「抓」。

十六葉九行疏　孤之罪也。「孤」，八作「抓」。

十六葉九行疏　孤之過也。「孤」，八作「抓」。

十六葉九行疏　是晉舍三帥而得還。○浦鏜《正字》：是晉舍三帥而得還。「還」字監本誤。

十六葉十行疏　匹馬隻輪無反者。「匹」，永、閩、阮作「四」。

十六葉十二行注　誓其羣臣。通稱士也。○浦鏜《正字》：誓其羣臣，通稱士也。「也」當衍字。○《定本校記》：通稱士。「士」下各本有「也」字，與疏標題不合，今删。

十六葉十四行注　言民之行巳盡用順道。「言」上要有「注」字。○山井鼎《考文》：言民之行已。〔古本〕「之」作「人」。○盧文弨《拾補》：言民之行已盡用順道。古本「之」作「人」。○阮元《校記甲》：言民之行已。「之」，古本作「人」，與疏不合。○《定本校記》：言民之行已。「之」，燉煌本、九條本、内野本、神宫本、足利本作「人」，清原宣賢手鈔本引家本亦然。

十六葉十五行經　責人斯無難。○山井鼎《考文》：責人斯無難。〔古本〕「無」作「亡」。下「無他伎」同。

十六葉十五行經　惟受責俾如流。　「惟」，王作「雖」。

十六葉十六行經　是惟艱哉。　○《定本校記》：是惟艱哉。「惟」字内野本、神宮本無。「艱」字，燉煌本、九條本作「難」。

十六葉十六行注　此無難也。　「無」，王作「元」。

十六葉十六行注　若已有非。　○《定本校記》：若已有非。燉煌本、九條本、内野本、神宮本無「若」字，清原宣賢手鈔本引家本亦無。

十六葉十七行注　即改之。　「改」，平作「攺」。

十六葉十七行注　是惟艱哉。　「艱」，八、李、纂、岳作「難」。○山井鼎《考文》：是惟艱哉。〔古本〕「艱」作「難」。宋板同。○盧文弨《拾補》：即改之，如水流下，是惟艱哉。古本「艱」作「難」。○阮元《校記甲》：是惟艱哉。「艱」，古、岳、宋板俱作「難」。

十六葉十八行經　若弗云來。　○山井鼎《考文》：若弗云來。〔古本〕「云」作「員」。下「雖則云然」同。　謹按　傳文共同今本。○浦鏜《正字》：若弗云來。按：正義「云」字本作「員」。○盧文弨《拾補》：若弗云來。古本「云」作「員」。下同。疏中亦同。傳仍作「云」。○阮元《校記甲》：若弗云來。「云」，古本作「員」。下「雖則云然」同。山井鼎曰：傳文共同今本。盧文弨云疏云「員」即「云」也。則本是「員」字。按：傳以「云」釋「員」，作「云來」，故正義曰「員即云」也。衛包依之，改「員」爲「云」。下文「雖則員然」同。阮元《校記乙》同。○《定本校記》：若弗員來。燉煌本、内野本、足利本如此。各本「員」作「云」，與疏不合。

十七葉一行注　如日月並行過。○《定本校記》：如日月並行過。「如」，九條本、内野本、神宫本作「而」，清原宣賢手鈔本引家本亦然。

十七葉二行注　恐死及之無所益。「無」，王作「无」。

十七葉二行疏　公曰至云來。○《定本校記》：公曰至員來。「員」，各本作「云」，今正。

十七葉二行疏　召集羣臣而告之。「召」，殿、庫作「乃」。

十七葉三行疏　我之朝廷之士。「士」，永作「上」。

十七葉三行疏　聽我告於汝。「告」，單、八、平、永作「誥」。○阮元《校記甲》：聽我告於汝。「告」，十行本作「誥」。

十七葉三行疏　無得喧譁。「譁」，阮作「嘩」。

十七葉五行疏　欲自改過自新。「改」，閩作「攺」。

十七葉六行疏　不得改過也。「過」，單、八、平、永、阮作「悔」。○物觀《補遺》：不得改過也。宋板「過」作「悔」。○盧文弨《拾補》：恐己老死不得改悔也。毛本「悔」作「過」。「過」當作「悔」。○阮元《校記甲》：不得改過也。「過」，宋板、十行俱作「悔」，是也。

十七葉七行疏　下及萬民。「萬」，永作「万」。

十七葉七行疏　正義曰。訖。「義」，要作「意」。

十七葉九行疏　昔漢明帝問東平王劉蒼云。「漢」上要無「昔」字。

十七葉十行疏　員。即云也。「員」，平作「云」。

十七葉十二行疏　將不復見日月雖欲改過無所及益。自用改過遲晚。深自咎責之辭。「復」，永作「得」。「用」，單、八、平、殿、庫作「恨」。○山井鼎《考文》：自用改過遲晚。宋板「用」作「恨」。○浦鏜《正字》：自用改過遲晚，深自咎責之辭。「用」，疑「悔」字誤。○盧文弨《拾補》：葢自恨改過遲晚，深自咎責之辭。毛本「葢」作「益」。「益」當作「葢」。毛本「恨」作「用」。「用」當作「恨」。○阮元《校記甲》：無所及益。孫志祖云：「益」字疑當作「葢」，屬下讀。阮元《校記乙》同。又：自用改過遲晚。「用」，宋板作「恨」，是也。○阮元《校記乙》：自用改過遲晚。宋板「用」作「恨」，是也。

十七葉十四行注　反忌之耳。　○《定本校記》：反忌之耳。燉煌本、内野本、神宫本無「耳」字，清原宣賢手鈔本引家本亦無。九條本無「之耳」二字。

十七葉十四行釋文　爲。于僞反。　平「爲」上有「惟」字，「僞」作「爲」。

十七葉十五行注　惟指今事爲我所謀之人。　○《定本校記》：惟指今事爲我所謀之人。燉煌本、九條本、内野本、神宫本無「所」字，清原宣賢手鈔本引家本亦無。案：無者與釋文合。

十七葉十六行注　我且將以爲親而用之。　「而用」，王作「𠯋㖇」。

十七葉十六行注　以取破敗。　○《定本校記》：以取破敗。燉煌本、九條本、内野本、神宫本無「以」字。

十八葉二行經　雖則云然。尚猷詢兹黄髮。則罔所愆。　「猷」，王作「猶」。○阮元《校記甲》：雖則云然，尚猷詢兹黄髮，則罔所愆。按：漢書李尋傳注師古引此經云「雖則員然，尚猶詢兹黄髮，則罔所諐」。「云」爲「員」，「猷」爲「猶」，「愆」爲「諐」。又韋賢傳注亦引此經，唯「諐」作「愆」，餘同。阮元《校記乙》同。

十八葉三行注　今我庶幾以道謀此黄髮賢老。　「庶」，王作「庻」。○《定本校記》：今我庶幾以道謀此黄髮賢老。燉煌本、九條本、神宫本無「我」字，清原宣賢手鈔本引家本亦無。

十八葉四行注　則行事無所過矣。　「無」，王作「旡」。

十八葉五行注　雖衆力已過老。　「力」下平無「已」字。「老」，毛作「者」。○山井鼎《考文》：雖衆力已過者。諸本「者」作「老」。○浦鏜《正字》：雖衆力已過老。「老」誤「者」。○盧文弨《拾補》：雖衆力已過老。毛本「老」作「者」。「者」當作「老」。○阮元《校記甲》：雖衆力已過者。山井鼎曰：諸本「者」作「老」。按：岳、葛、十行、閩本、纂傳亦俱作「老」。

十八葉五行注　我今庶幾欲有此人而用之。　「有」，纂作「得」。○山井鼎《考文》：我今庶幾欲有此人而用之。〔古本〕「欲」上有「敬」字。○阮元《校記甲》：我今庶幾欲有此人而用之。「欲」上古本有「敬」字，似誤。阮元《校記乙》同。

十八葉六行釋文　番。音波。　「番」上平重「畨」字。

十八葉六行經　射御不違。我尚不欲。　○山井鼎《考文》：射御不違，我尚不欲。〔古本〕「不」作「弗」。

十八葉八行釋文　仡。許乞反。　「仡」上平有「仡」字。「乞」，纂、平、殿、庫作「訖」。「反」下纂、殿、庫有「又魚乞反。馬本作訖。訖，無所省録之貌。徐云强狀。射，神夜反」二十三字，平有「又魚乞反。馬本作訖。訖，無所省録之豹。徐云强壯。射，神夜反」二十三字。○

山井鼎《考文》：補脱又魚乞反，馬本作訖。訖，無所省録之貌，徐云强貌〔據經典釋文〕。謹按當在「仡，許乞反」下。又：補脱射，神夜反〔據經典釋文〕。謹按經「射御不違」。○浦鏜《正字》：許乞切。下脱「又魚乞切。馬本作訖。訖，無所省録之貌。徐云强狀」一十九字。○阮元《校記甲》：仡仡，許訖反。「訖」，十行本、毛本俱作「乞」字。按：「乞」字非也。

十八葉八行經　俾君子易辭。○山井鼎《考文》：君子易辭。〔古本〕「辭」作「詞」。○盧文弨《拾補》：俾君子易辭。古本「辭」作「詞」。○阮元《校記甲》：俾君子易辭。「辭」，古本作「詞」。阮元《校記乙》同。

十八葉九行注　惟察察便巧善爲辯佞之言。「辯」，纂、平、十、永、阮作「辨」。「佞」，李作「佞」。

十八葉九行注　使君子迴心易辭。「迴」，纂、岳作「回」。○阮元《校記甲》：使君子迴心易辭。「迴」，岳本、纂傳俱作「回」，是也。阮元《校記乙》同。

十八葉十行注　我前多有之。○阮元《校記甲》：我前多有之。按：以疏考之，「前」下當有「大」字。○阮元《校記乙》：我前多有之。按疏「前」下當有「大」字。

十八葉十行釋文　截。才節反。馬云。辭語截削省要也。　上「截」字上平重「截」字。「削」，王、纂、平作「剥」。○阮元《校記甲》：截截，辭語截削省要也。「削」，葉本作「剥」，非也。

十八葉十一行釋文　諞。音辨。徐敷連反。又甫淺反。馬本作偏。云少也。辭約損明大辨佞之人。　「音辨」，王作「音辯」。「敷」，纂作「扶」。「大辨」，王作「大辯」。○浦鏜《正字》：辭約指明。「指」誤「損」，從六經正誤挍。○阮元《校記甲》：諞，辭約損明大辨佞之人。毛居正曰：「指」作「損」，誤。「大」，葉本作「人」，誤。

十八葉十二行釋文　易。羊石反。　「羊」，十作「平」。「反」下平有「又曰一昔反」五字。

十八葉十二行經　斷斷猗無他伎。　「猗」，平作「倚」。「伎」，石、八、李、岳作「技」，王、十、永作「伎」，纂、平作「技」。○山井鼎《考文》：斷斷猗。〔古本〕作「鮎鮎猗」，註同。又：他伎。宋板「伎」作「技」，註同。○盧文弨《拾補》：斷斷猗無他伎。古本作「韶韶倚亾他伎」，傳同。宋本「伎」作「技」。○阮元《校記甲》：斷斷猗無他伎。「斷」，古本作「鮎」，注同。按：説文：「斷」，古文作「韶」。引此句爲證。然則古本「鮎」字殆「韶」字之誤歟？陸氏曰：「他」，本亦作「它」。「技」，本亦作「伎」。按：唐石經、宋板、葛本「伎」俱作「技」，與釋文合。至監本始從人，其所載釋文亦誤倒。下文「人之有技」仍從手，舛错之甚。此節傳中

「伎」字，葛本亦從人，宋板從手。按：「它」、「他」古今字。「技」，正字。「伎」，假借字。阮元《校記乙》同。

十八葉十三行注　如有束脩一介臣。斷斷猗然專一之臣。　「猗」，平作「倚」。○物觀《補遺》：一介臣。〔古本〕「介」下有「之」字。○山井鼎《考文》：專一之臣。〔古本〕「一」作「壹」。○盧文弨《拾補》：專一之臣。古本「一」作「壹」。○阮元《校記甲》：如有束脩一介臣。「介」下古本有「之」字。又：斷斷猗然專一之臣。「一」，古本作「壹」。○《定本校記》：如有束脩一介斷斷猗然專一之臣。燉煌本、九條本如此。「介」下岳本、注疏本有「臣」字，内野本、神宮本、足利本有「之臣」二字，皆非。

十八葉十四行注　雖無他伎藝。　「伎」，李、岳作「技」，八、王、纂、平作「技」。

十八葉十四行注　其心休休焉樂善。　「焉」，纂作「然」。○《定本校記》：其心休休焉樂善。燉煌本、九條本、内野本、神宮本無「焉」字，清原宣賢手鈔本引家本亦無。

十八葉十五行釋文　介。音界。馬本作介。　「介」，阮作「界」。○阮元《校記甲》：介，馬本作介。按：作「介」則與孔同。此語似贅，否則必有誤字。

十八葉十五行釋文　字又作个。　「个」，平、閩作「介」。

十八葉十五行釋文　斷。丁亂反。　「斷」上平重「斷」字。

十八葉十六行釋文　伎。其綺反。本亦作技。「伎」，王、平作「技」，纂、岳、十、永、阮作「技」。「技」，王、平作「伎」，纂、十、永、阮作「伎」。○物觀《補遺》：伎，其綺反。本亦作技。〔經典釋文〕上「伎」作「技」，下「技」作「伎」。○浦鏜《正字》：伎，其綺切，本亦作技。案：此八字當在下「吐何切」之下。

十八葉十六行釋文　他。本亦作它。吐何反。○阮元《校記甲》：他。此條葉本、十行本、毛本俱在「技」下。

十八葉十六行疏　「雖則至不欲○正義曰」至「之計失也」。殿本此節疏文無「雖則至不欲」五字提示語，「正義曰」至「之計失也」在「仡仡勇夫」節傳文「自悔之至」下。○浦鏜《正字》：疏「雖則」至「計失也」一百八字當在前「仡仡勇夫」節傳下。○盧文弨《拾補》：雖則至不欲。自此起至「自悔往前用壯勇之計失也」止，當在上「仡仡勇夫」〔節〕傳下。○「雖則至不欲○正義曰」至「之計失也」，定本在「仡仡勇夫」節傳下。《定本校記》：雖則云然。此節疏〔足利〕八行本在後文「其如有容」下，今從殿本、浦氏。

十八葉十七行疏　我今庶幾以道謀此黄髪賢老。「老」，庫作「者」。

十九葉一行疏　自悔往前用勇壯之計失也。「勇壯」，單、八、平、永、阮作「壯勇」。○物觀《補遺》：勇壯之計。〔宋板〕作「壯勇之計」。○盧文弨《拾補》：自悔往前用壯勇之計失也。「壯勇」，毛本作「勇壯」，依宋、元本乙。○阮元《校記甲》：自悔往前用勇壯之計失也。「勇壯」二字，宋板倒。按：宋本是也。否則與注不合，與上文亦異。阮元《校記乙》同。

十九葉一行疏　惟截截至有容。「截」下單、八不重「截」字。○山井鼎《考文》：惟截截至有容。〔宋板〕無二「截」字。○盧文弨《拾補》：惟截至有容。毛本「截」字重，宋本不重，當删。○阮元《校記甲》：惟戳戳至有容。宋板「戳」字不重。阮元《校記乙》同。

十九葉二行疏　斷斷守善猗然獨無他技藝。「獨」單、八、平、永、阮作「雖」。「技」，單、平、十、永作「技」，庫作「伎」。○山井鼎《考文》：獨無他技藝。〔宋板〕「獨」作「雖」。○盧文弨《拾補》：雖無他技藝。毛本「雖」作「獨」。「獨」當作「雖」。○阮元《校記甲》：獨無他技藝。「獨」，宋板、十行俱作「雖」。按：「獨」字誤。

十九葉四行疏　明辯便巧之善。「善」，八、平、永、阮作「意」。○山井鼎《考文》：明辯便巧之善。〔宋板〕「善」作「意」。○浦鏜《正字》：明辨便巧之善。「善」，疑。○盧文弨《拾補》：明辯便巧之意。毛本「意」作「善」。「善」當作「意」。○阮元《校記甲》：明辯便巧之善。「善」宋板、十行俱作「意」。○阮元《校記乙》：明辯便巧之意。宋板同。毛本「意」作「善」。

十九葉五行疏　**迴心易辭。**　「迴」，平作「迥」。

十九葉五行疏　**以我昧昧而闇思之不明。**　「昧昧」，永作「眛眛」。

十九葉六行疏　**以束脩爲束帶脩飾。**　「飾」，十作「飾」，阮作「節」。○阮元《校記甲》：以束脩爲束帶脩飾。「飾」，十行本誤作「節」。下同。○阮元《校記乙》：以束脩爲束帶脩節。毛本「節」作「飾」。案：「節」字誤。○張鈞衡《校記》：束帶脩飾。阮本「飾」作「節」，誤。下同。

十九葉七行疏　**如有束帶脩飾。**　「飾」，阮作「節」。

十九葉七行疏　**雖復無他技藝。**　「技」，十、永、毛、阮作「技」，庫作「伎」。

十九葉八行疏　**禮記大學引此。**　「大」，單、十、永、阮作「太」。○阮元《校記甲》：禮記大學引此。「大」，十行本誤作「太」。○阮元《校記乙》：禮記太學引此。毛本「太」作「大」。案：「太」字誤。

十九葉九行疏　**詩云河水清且漣漪是也。**　「漣」，殿作「連」。○浦鏜《正字》：河水清且漣漪。「漪」，詩作「猗」。○《薈要》案語：河水清且漣猗。刊本「猗」訛「漪」，今改。○盧文弨《拾補》：河水清且漣漪是也。案：詩釋文：「猗」，本亦作「漪」。然在此證「猗」是「兮」之類，則不當作「漪」。○阮元《校記甲》：河水清且漣漪。許宗彦曰：此引詩以證「猗」字作「漪」者，蓋誤。按：毛詩釋文：「猗」，本亦作「漪」，同。蓋六朝以後有以「漣猗」爲「漣漪」者，猶「鸒斯」之爲「鸒鷥」也。在此疏則不可耳。阮元《校記乙》同。

十九葉九行疏　守善之貌無他技能。「技」，平、十作「伎」，永、庫作「伎」。

十九葉十行疏　穆公疾技巧多端。「技」，單、平作「技」，永、閩作「投」。

十九葉十一行疏　故思斷斷無他技者。「技」，平作「技」。

十九葉十一行經　人之有技。若巳有之。「技」，李、纂、平、十、永作「技」。○《定本校記》：人之有技，若己有之。「有之」二字，内野本、神宮本倒。

十九葉十一行經　不啻如自其口出。「如」，阮作「若」。○《定本校記》：不啻如自其口出。「如」，燉煌本、内野本、神宮本作「而」，九條本作「若」。

十九葉十二行注　人之有技。「技」，李、王、纂、平作「技」。○《定本校記》：人之有技。「技」下燉煌本有「藝」字。

十九葉十二行注　若巳有之。○《定本校記》：若己有之。「有之」二字，内野本、神宮本倒。

十九葉十四行注　是人必能容之。○山井鼎《考文》：是人必能容之。〔古本〕「容」下有「民」字。謹按恐非。○阮元《校記甲》：是人必能容之。「容」下古本有「民」字，非也。

〇《定本校記》：是人必能容之。「之」，燉煌本、九條本、神宮本、足利本、古梓堂本作「民」，清原宣賢手鈔本引家本亦然。

十九葉十四行釋文　好呼報反。「好」下平有「之上」二字。

十九葉十四行釋文　啻。尺豉反。「尺」，王、纂、十、永、閩、阮作「失」，平作「先」，殿、庫作「始」。「豉」，王、纂、平作「豉」。〇山井鼎《考文》：啻，尺豉反。經典釋文「尺」作「始」。〇阮元《校記甲》：啻，始豉反。「始」，葉本、十行本俱作「失」，毛本作「尺」字。按：「尺」字誤，「失豉」即「始豉」。

十九葉十五行注　用此好技聖之人。「技」，李、王、平、永作「技」。〇山井鼎《考文》：用此好技聖之人。〔古本〕「技」下有「美」字。〇阮元《校記甲》：用此好技聖之人。「技」下古本有「美」字。〇阮元《校記乙》：用此好技聖之人。古本「技」下有「美」字。〇《定本校記》：用此好技聖之人。「聖」上内野本、神宮本、足利本、古梓堂本有「美」字，清原宣賢手鈔本引家本亦有。

十九葉十五行注　安我子孫衆人。「我」，平作「伐」。〇山井鼎《考文》：安我子孫衆人。〔古本〕「人」作「民」。下「是不能容人」同。謹按下註亦有「子孫衆人」，字與今本同。古本參差如此。○阮元《校記甲》：安我子孫衆人。「人」，古本作「民」。下「是不能容人」同。阮元《校記乙》同。○《定本校記》：安我子孫衆人。「人」，燉煌本、九條本、内野本、神宮本、足利本作「民」，清原宣賢手鈔本引家本亦然。

十九葉十六行疏　人之至利哉。「哉」，八作「害」。○《定本校記》：人之至利哉。「哉」，〔足利〕八行本誤作「害」。

十九葉十七行疏　見人之有技。「人」下平無「之」字。「技」，十、永作「技」。

十九葉十八行疏　用此愛好技聖之人。「技」，平作「技」。

二十葉一行經　人之有技。「技」，李、纂、平作「技」。

二十葉二行注　見人之有技藝。「技」，李、王、平作「技」。○《定本校記》：見人之有技藝。燉煌本、九條本無「藝」字。

二十葉三行釋文　冒。莫報反。「反」下平有「音同」二字，殿、庫有「注同」二字。○山井鼎《考文》：冒，莫報反。〔經典釋文〕下有「註同」二字。○阮元《校記甲》：冒，莫報反，注同。「注」，葉本作「音」，與毛居正所見本合。毛氏曰：建本無「音同」二字，顯是贅寫，當去。按：注有「冒」字，則作「注同」爲是。毛氏不知字誤，而以爲贅寫，疏矣。

二十葉四行釋文　背。音佩。　「佩」，平作「偑」。

二十葉五行注　是不能容人。　○《定本校記》：是不能容人。「人」，燉煌本、九條本、内野本、神宮本、足利本作「民」，清原宣賢手鈔本引家本亦然。

二十葉五行注　用之不能安我子孫衆人。　○物觀《補遺》：用之不能。〔古本〕「之」下有「則」字。○盧文弨《拾補》：用之不能安我子孫衆人。古本「之」下有「則」字。○阮元《校記甲》：用之不能安我子孫衆人。「之」下古本有「則」字。○《定本校記》：用之不能安我子孫衆人。「之」下燉煌本、九條本、内野本、神宮本、足利本有「則」字。「人」，燉煌本、九條本、内野本、神宮本、足利本作「民」，清原宣賢手鈔本引家本亦然。

二十葉七行疏　見人之有技。　「技」，單作「技」，十作「枝」。

二十葉七行疏　使不達於在上。　「達」，八作「遠」。○《定本校記》：使不達於在上。「達」，〔足利〕八行本誤作「遠」。

二十葉八行疏　是人之不能含容人也。　○《定本校記》：是人之不能含容人也。「之」，疑當作「必」。

二十葉八行疏　用此疾惡技聖之人。　「技」，單作「技」。

二十葉十行疏　而違背之不從其言。　「背」，十作「背」。

二十葉十一行注　一人所任用。　○山井鼎《考文》：一人所任用。〔古本〕下有「也」字。

二十葉十二行注　曰由所任不容賢。　「容」，八、李、王、纂、平、岳、十、永、殿、庫、阮作「用」。○山井鼎《考文》：由所任不容賢。〔古本〕「容」作「用」，宋板同。○盧文弨《拾補》：曰由所任不用賢。毛本「用」作「容」。「容」當作「用」。○阮元《校記甲》：曰由所任不容賢。「容」，古、岳、宋板、十行、纂傳俱作「用」。

二十葉十二行釋文　徐語折反。　「折」，平作「断」。

二十葉十四行注　穆公陳戒。　○《定本校記》：穆公陳戒。燉煌本、九條本、内野本、神宮本無「戒」字，清原宣賢手鈔本引家本亦無。

二十葉十四行注　背賢則危。　「背」，王作「背」。

二十葉十五行疏　邦之至之慶。　「之慶」，八作「有慶」。○《定本校記》：邦之至之慶。下「之」字，〔足利〕八行本誤作「有」。

二十葉十六行疏　亦庶幾所任一人之有慶也。　「慶」，單作「善」。○《定本校記》：亦庶幾所任一人之有善也。各本「善」作「慶」。今從單疏。

二十葉十七行疏　穆公自誓。將改前過用賢人者也。　〇浦鏜《正字》：穆公自誓，將改前過用賢人者也。「者」，疑衍字。〇盧文弨《拾補》：穆公自誓，將改前過用賢人者也。毛本「人」下衍「者」字。〇《定本校記》：將改前過用賢人者也。浦氏云：「者」，疑衍字。